장자가 묻는다
누구냐? 넌!

KB139293

장자가 묻는다

누구
냐?
넌!

명로진 지음

상상비행

《장자》, 동양 최고의
스토리텔링 교과서

'당신이 무엇을 상상하든, 그 이상을 보여줄 것이다.'

'매트릭스'라는 영화의 광고 카피다. 나는《장자》라는 책에 이 카피를 붙이고 싶다. 다른 동양 고전 책들이 지루하게 느껴진다면《장자》부터 읽어 보기를 권한다.

《장자》는 우리의 허를 찌르는 이야기들로 구성되어 있다. 《장자》는 인문 고전이라기보다는 거대한 스토리텔링 교과서다. 이 책은 개그콘서트의 대본 같기도 하고 판타지 소설 같기도 하다. 동시에 우화이자 독설이면서 탄탄한 철학 논리이기도 하다. 혹은 그저 재미있는 옛날이야기라고 생각해도 된다.

서양철학자인 마틴 부버, 하이데거는 《장자》의 애독자였다. 헤르만 헤세는 "중국의 사상을 다룬 책 중에 가장 매력적인 책"이라고 말했다. 동서양을 막론하고 많은 작가와 학자들은 《장자》의 상상력과 상징성을 찬양했다. 창의적인 아이디어만 놓고 본다면 그 어떤 할리우드 영화도 이 책을 따라가지 못할 것이다.

장자는 이름이 주周이고, 몽蒙 지역(지금의 하남성 상구 근방) 출신이다. 그에 대한 자료는 많지 않다. 사마천이 쓴 《사기열전》에 "학문이 넓고 깊어 걸어 다니는 백과사전과 같았다. 그의 말에는 거침이 없었고 뛰어난 글 솜씨로 인생사에 대해 썼다"는 기록이 있다. 장자는 한때 옻나무밭을 관리하는 말직을 맡았지만, 대체로 벼슬을 하지 않고 평생 자연과 벗하며 살았다. 벼슬이 없으니 가난하고 배가 고팠으나 장자 곁에는 그의 지혜를 사랑하는 많은 친구와 제자들이 있었다.

장자의 사람됨을 보여주는 유명한 일화가 있다. 초나라 위왕이 장자가 지혜롭다는 말을 듣고 그를 불러 재상으로 삼으려 했다. 초위왕은 천금千金과 보화를 실은 수레와 함께 사신을 보내왔다. 이때 장자는 끼니도 제대로 잇지 못할 정도로 가난했다. 사신이 말했다.

"우리 임금께서 선생님을 모시고자 합니다."

장자는 껄껄 웃으면서 답했다.

"천금은 큰돈이고 재상은 높은 벼슬이지요. 그러나 그대는 제사 때 희생물로 쓰려고 끌려가는 소를 보지 못했소? 오랫동안 잘 먹고 잘 지내던 소는 비단옷까지 걸치지만 결국 그렇게 죽으러 가는 것이오. 이때 그 소가 '차라리 돼지가 되고 싶다'고 한들 그렇게 될 수 있겠소? 나는 차라리 더러운 시궁창에서 놀지언정 벼슬에 매이고 싶지 않소. 그러니 그대는 나를 더 이상 욕되게 하지 말고 빨리 돌아가시오."

권력과 부귀는 누구나 원하는 것인데 장자는 신발 한 짝도 제대로 된 게 없는 형편에 권력과 부귀를 한마디로 거절한다. 그만큼 자존심이 강했고 특별한 존재였다.

장자의 삶만큼 그의 사상도 동양 철학의 역사에서 매우 독특한 위치를 차지하고 있다. 장자 사상을 한마디로 정의 내리기는 어렵다. 서양 철학의 잣대로 보면 장자는 '인식론' 편에 서 있다. '우리가 안다고 하는 것이 과연 제대로 아는 것인가? 우리는 우리가 안다는 사실을 어떻게 아는가?' 이을 바탕으로 하면서도 인식론을 초월한다.

《장자》에 나오는 유명한 일화인 '호접몽'을 예로 들어 보자.

"어느 날 장주가 꿈속에서 나비가 되었다. 나비는 자유롭게 훨훨 날아다니며 자신이 장주임을 몰랐다. 문득 깨어보니 분명히 장주였다. 장주가 꿈에 나비가 되었던 건지, 나비가 꿈에 장주가 되었던 건지 알 수가 없다."

아! 이런 인식이란…… 장자는 산부인과 의사와도 같다. 우리는 장자에 의해 갓 태어난 신생아가 된다. 장자라는 혹독한 의사는 신생아의 다리를 두 손으로 쥐고 거꾸로 들어올린다. 숨 막힌 신생아가 어쩔 줄 몰라 하고 있을 때, 장자는 아이의 엉덩이를 "찰싹" 하고 때린다. 그것이 너무 충격적이고 아파서 아이는 "으앙!" 하고 울음을 터뜨린다. 새롭고 낯설고 환한 세상에 다시 태어나면서 내지르는 소리다. 그 세계는 '지혜'의 나라다. 그 나라의 이념은 발상의 전환이고 그 나라의 국력은 사색의 깊이고 그 나라의 헌법은 창조와 창의를 기초로 한다.

최근 몇 년 동안 대학입시 논술에서 가장 많이 인용된 문구가 바로 《장자》에서 나왔다는 것은 우연이 아니다. (《한국경제》 2011.10.21) 《장자》는 우리에게 생각하는 힘을 길러주는 탁월한 교본이다. 다채롭고 독특하면서도 깊은 사색을 요구하는 철학적 에피소드가 가득하기 때문이다.

장자를 알게 되면 대입 논술 너머의 방대한 세계에 대해 꿈꾸게 된다. 그 세계는 우리가 사는 이 세계를 초월해 있다. 초월한 저 세계에 대해 사색할 때, 우리는 이 세계에서 잘 살 수 있다.

《장자》는 원래 10만 자 52편이 있었는데 지금 전해지는 것은 서진 시대 곽상(252~312)이란 사람이 처음으로 정리한 것이다. 내편 7편, 외편 15편, 잡편 11편의 이야기로 모두 6만 5천 자로 되어 있다. 물론 그 외에도 수십 편의 장자 해석본이 존재한다. 나는 청소년을 위한 장자를 쓰면서, 여러 책 을 읽고 서로 다른 번역을 비교했고 그 결과를 이 책에 정 리했다. 또한 그중에서 특별히 청소년이 꼭 읽었으면 하는 부분을 선택해 실었다.

사실 이 책은 그간 나왔던 《장자》 책이 너무 딱딱하고 재미없다는 불만에서 시작되었다. 장자는 절대 근엄하고 고지식한 사람이 아니다. 만나 봤냐고? 만나 봤다. 꿈속에서. 이 책을 쓰는 동안 나는 거의 매일 장자 꿈을 꾸었다. 어느 날은 꿈에 내가 장자가 되기도 했다. 그런데 깨고 나니 나는 나였다. 내가 장자의 꿈을 꾼 건지, 장자인 내가 다른 사람이 되어 장자에 대해 꿈꾼 건지는 모르겠다.

내가 본 장자는 잠자고 똥 싸고 울고 웃을 줄 아는 사람이었다. 우스갯소리 잘하고 짓궂은 아저씨였다. 나는 되도록 인간적인 장자를 그리고 싶었다. 살과 피가 있는 장자의 목소리로 이 책을 쓰고 싶었다. 그래서 앞뒤 연결이 되어야 하는 부분이 아니면 굳이 《장자》 책의 순서를 따르지 않았다. 영국의 중국학 번역가인 마틴 팔머는 말했다. "Trying to read 《Chuang Tzu》 sequentially is a mistake(《장자》를 순서대로 읽는 것은 잘못이다)." 장자는 자유롭게, 여기 읽었다 저기 읽었다 해야 한다. 그게 더 장자답다.

부디 청소년 여러분이 이 책을 읽고 자유와 순수를 맛보며 장자의 무한한 상상 속에서 즐겁게 노닐길 바란다.

2013년 여름, 홍대 집필실에서
명로진

CONTENTS

누구냐? 넌!

01 요 임금과 국경지기

하루는 요 임금이 화華 지방에 놀러 갔는데, 이곳 국경을 지키는 관리가 말했다.

"아, 임금님! 임금님에 대해 사람들이 이렇게 말합니다.

'우리 임금은 진실로 공손하고 겸양하시다. 또 총명하고 우아하고 신중하시다. 그분 가까이 가면 온유함이 느껴지고, 그분의 감화의 빛은 온 세상에 퍼져 하늘과 땅에 이르렀다'고.

이렇게 뵈오니 임금님은 소문대로 정말 성인이시옵니다. 제가 임금님의 장수를 빌겠습니다."

요 임금이 말했다.

"됐소, 사양하겠소."

"그럼 부자가 되시라고 빌겠습니다."

"됐소, 사양하겠소."

"그럼 아드님을 많이 낳으시라고 빌겠습니다."

"됐소, 그것도 사양하겠소."

국경지기가 말했다.

"예로부터 장수와 부귀와 다산은 모두가 바라는 일인데 어찌 사양하십니까?"

"오래 살면 욕보는 일이 많고, 부자가 되면 할 일이 많아지고, 아들이 많으면 근심이 많아지오. 이 세 가지는 덕을 기르는 데 방해가 되오."

"나는 당신이 성인인 줄 알았는데 이제 보니 그렇지도 않군요. 오래 살면 신선처럼 도를 닦으면 되고, 부자가 되면 가진 것을 다른 이와 나누면 되고, 아들을 많이 낳으면 그들에게 천하를 위해 각자 할 일을 맡기면 될 것을. 무슨 욕될 일이 있겠습니까?"

국경지기의 말을 듣고 요 임금은 크게 깨달은 바가 있었다. 요 임금이 그에게 말했다.

"모자란 저를 가르쳐 주십시오."

국경지기가 급히 떠나며 말했다.

"됐소, 사양하겠소." 〈천지〉

이 대목을 읽고 웃음을 터뜨리지 않을 사람이 있을까? 아마 장자가 다시 태어난다면 코미디 프로그램의 작가가 되어 있을지도 모른다. 《장자》의 탁월함이 돋보이는 글 중에 어떤 것을 먼저 소개할까 고민하다가 이 일화를 선택했다. 요 임금은 중국 역사의 시작이 되는 시기에 황하 지역을 다스렸다는 전설 속의 인물이다. 기원전 23세기에 살았다고 하는데, 우리나라에서 단군이 활동했던 시기다. 중국의 역사책인《서경》을 보면 요 임금에 대해 이렇게 설명한다.

欽明文思 흠명문사

흠欽은 행동이 공손한 것을, 명明은 총명한 것을 문文은 외모가 우아한 것을, 사思는 생각이 깊은 것을 뜻한다.* 《서경》의 첫 편〈우서〉첫 문장은 다음과 같다.

"옛 요 임금에 대해 상고해 보건대, 이름은 방훈이라 하셨다. 공경스럽고 총명하며 우아하고 신중하시어 온유함을 느끼게 하셨고, 진실로 공손하고 겸양하시어 감화의 빛은 온 세상에 퍼져 하늘과 땅에 이르렀다."**

요 임금은 중국인들이 시조로 떠받들고 있는 인물이다.

---

*, ** 김학주 역

이런 인물을 장자는 거침없이 우화의 소재로 택해서 웃음거리로 만든다. 만약 우리나라에서 누군가 단군을 이런 식으로 써냈다면 어떻게 됐을까? '민족에 대한 모욕'이라고 하지 않았을까? 요 임금에 대한 풍자를 통해 장자는 아마도 이런 말을 하고 싶었을지도 모른다.

"나는 우리 중국 사람들이 하늘처럼 떠받드는 요 임금의 따귀도 때릴 수 있다(글로). 그러니 다른 사람은 따져 무엇하랴? 내 글에서는 우 임금도 주문왕도 공자도 다 하찮은 등장인물로 나올 수 있다. 그러니 기대하시라."

금기 없는 언급, 성역 없는 비판, 거침없는 독설. 중국인들이 전설 속의 인물로 존경하는 요 임금조차도 우습게 여김으로서 장자는 자신의 집필 수준을 더없이 높은 곳으로 끌어올린다. 요 임금 개그맨 만들기 정도는 《장자》라는 책 전체를 놓고 보면 아마도 예고편일지도 모른다.

그래서 어쩌라고? 그 무엇에도 쫄지 말라는 것이다. 전설에 나오는 이야기는 반쯤은 뻥이다. 요 임금도 흠이 있고 결점이 있고 허둥대는 사람일 뿐이다. 인간은 누구나 그렇다. 이 글을 읽는 청소년 여러분은 아직 인간이 아니다. (미안

^{하다.)} 인간은 인간이되 아직 다 자란 인간이 아니다. 그러니 흠이 있고 결점이 있고 허둥대는 게 당연하다. 실수하고 상처받고 넘어지는 게 당연하다. 당연한 걸 당연하지 않다고 말하면 그게 코미디다. 여러분은 충분히 아름답고 멋지고 당당하다. 그것만 깨달아도 장자 철학의 반 정도는 아는 셈이다.

02 빈 배를 욕하랴?

성질 급한 이가 배로 강을 건너고 있었다. 갑자기 뭔가가 배 뒤에 쿵! 하고 부딪혔다. 그는 몸이 기우뚱하며 물에 빠질 뻔했다. "도대체 뭐야?" 하고 돌아보니 어디선가 빈 배가 떠내려 와 그의 배에 부딪힌 것이었다. 그는 곧 조용히 다시 자리에 앉아 노를 저었다.

얼마를 가다 보니 또 다른 배가 와서 부딪혔다. 그 배에는 사람이 타고 있었다. 성질 급한 이는 상대를 보고 비켜 가라고 소리쳤다. 한 번 소리쳐서 듣지 않자 두 번 소리쳤고, 두 번 소리쳐 듣지 않자 이번에는 온갖 욕을 섞어 가며 화를 냈다.

처음에는 화를 내지 않는데 나중에는 화를 내는 까닭은 무엇인가? 앞의 배에는 사람이 없었고 뒤의 배에는 사람이 타고 있었기 때문이다.

사람이 모두 자기를 비우고 인생의 강을 흘러간다면 누가 그를 해칠 수 있겠는가? 〈산목〉

《장자》중에서 내가 가장 좋아하는 이야기 중의 하나다. 생각해 보라. 운전을 하며 가는 사람이 있다. 쿵! 하는 소리에 놀라 보니 브레이크 풀린 빈 차가 내리막길을 내려와 내 차에 부딪혔다. 빈 차를 보고 화를 낼 수 있는가? 그런데 그 차에 사람이 타고 있다면?

여러분은 자주 보았을 것이다. 좁은 도로에 차를 세워 놓고 삿대질을 해가며 싸우는 어른들을. 골목길에서 주차하다가 소리 지르며 다투는 어른들을. 접촉 사고를 내고 나 서 멱살을 잡고 주먹질을 하는 아저씨들을. 그들은 오직 '목소리 큰 사람이 이긴다'라는 신념을 믿는 빨리빨리교의 신도들이다.

그들이 싸우는 까닭은, 가야 할 곳을 막은 상대 때문이다. 어른들은 누구나 어디론가 바쁘게 가고 있다. 왜 가야 하는지, 왜 바삐 가야 하는지, 왜 그곳에 가는지는 둘째 문제다. 일단 무조건 그곳에 빨리 가야만 한다. 이 목적을 가로막는 것은 어떤 사람이든 용납이 안 된다.

하지만 아무리 빨리빨리의 맹신도라고 해도 빈 차에 대고 화를 낼 수는 없다. 저 위의 성질 급한 이가 빈 배에 소리치지 않는 것과 같다. 장자 선생이 말한다.

"너 스스로 빈 배가 된다면 누가 너에게 소리치겠는가."

아……. 이 얇고 작은 책이 내 뒤통수를 친다. 이 친구야, 마음을 비우게. 욕심을 버리게. 질투도 내려놓고 시기도 내려놓고 바람도 원망도 모두 떨쳐 내게. 자신이 가벼워져 공기보다 자유롭다면, 땅에 두 발을 딛고 있는 사람들의 화가 어떻게 그대에게 미치겠는가? 그대의 마음이 새처럼 날 수 있다면 날개가 없는 사람들이 어떻게 그대를 잡을 수 있겠는가? 우리가 바람처럼 오고 갈 수 있다면 한곳에 머물러야 하는 사람들이 어떻게 우리를 쫓을 수 있겠는가?

작용이 있어야 반작용이 생긴다. 손바닥 하나로는 박수를 칠 수 없음과 같다.

누군가 나를 죽도록 미워한다면, 내 마음에 이미 미움이 있기 때문이며, 누군가 나를 열렬히 사랑한다면 내 마음에 사랑의 싹이 트기 때문이다. 내가 먼저 그치지 않기에 상대가 나를 잡고 있는 것이고, 내가 먼저 풀지 않기에 상대가 나를 조이고 있는 것이다.

섀도우 복싱Shadow Boxing이란 말이 있다. 권투 선수 혼자서 공격과 방어 훈련을 하는 것이다. 그림자를 상대하듯 가상의 적을 상상하며 주먹질을 한다는 뜻이다. 헤비급 세계

챔피언도, 그림자를 이길 수는 없다. 그림자는 절대로 지치지 않기 때문이다. 그러므로 스스로 그림자가 되면 세상에서 가장 힘이 센 상대도 물리칠 수 있다.

누군가 여러분에게 와서 부딪히면, 그가 빈 배라고 여겨라. 만약 그 빈 배가 소리 지르고 화내고 난리를 피운다면 여러분이 빈 배가 되어라. 상대가 지쳐 물러날 때까지 스스로 고요하여라.

03 딱 맞는 신발

신발이 발에 꼭 맞으면

우리는 발에 대해 잊어버린다.

허리띠가 허리에 꼭 맞으면

허리띠를 찼다는 걸 잊어버린다.

마음이 우리한테 꼭 맞으면

옳고 그르다는 것조차 잊어버린다. 〈달생〉

새로 산 신발을 신으면 날아갈 것 같다. 그런데 그 신발이 발꿈치나 발등을 너무 조이면 불편해서 내내 신경이 쓰인다. (더구나 뉴 발란스New Balance도 아니다!) 나는 군에 처음 입대해서 발보다 작은 군화를 신고 훈련을 받다 발가락이 다 까진 적이 있었다. 그때의 고통이란 말로 다 못한다. 한 걸음 한 걸음이 고문이었다.

얼마 전 나는 생일선물로 스페인 제 캠퍼 구두를 받았다.

값은 좀 비쌌지만, 이 신발을 신으면 정말 내 발의 존재를 잊을 정도가 된다. 그만큼 편하고 가벼웠다. (캠퍼 홍보 절대 아님!)

장자 시대에는 캠퍼도 뉴 발란스도 없었으므로 누구나 신발을 맞춰 신어야 했다. 귀족이나 왕족은 발에 맞지 않으면 몇 번이고 다시 맞춰 신을 수 있었겠지만, 평민이나 노비들은 크기가 대충 비슷하면 그냥 신어야 했을 거다. 이때 발에 맞지 않는 신발을 신으면 얼마나 괴로웠겠나. 장자는 신발이나 허리띠가 몸에 꼭 맞으면 그걸 착용한 사람은 자기가 신발이나 허리띠를 했다는 것조차 잊어버린다고 말하면서 마음도 마찬가지라고 했다. 마음이 나에게 꼭 맞으면 마음이 판단하는 것조차 잊는다는 것이다.

마음이 꼭 맞는다는 건 무슨 의미일까? 우리가 고전을 이해하기 위해서는, 가끔은 고전 속의 말을 거꾸로 해석해 보는 작업이 필요하다. 먼저 저 위의 문장 "마음이 우리한테 꼭 맞으면 옳고 그르다는 것조차 잊어버린다."를 분석해 보자.

마음이 우리한테 꼭 맞는다.

⇒ 옳고 그르다는 것을 잊어버린다.

이 문장을 뒤집어 보자.

옳고 그르다는 것을 늘 생각한다.

⇒ 마음이 우리한테 꼭 맞지 않는다.

뒤집힌 문장은 새로운 판단을 담게 된다.

우리가 늘 옳고 그른 것이 뭔지를 생각한다는 건 마음이 우리에게 꼭 맞지 않아서다.

우리는 왜 옳고 그른 것에 대해 늘 신경을 쓰고 있는 걸까? 만약 무인도에서 나 혼자만 산다면 그때도 무엇이 옳고 그른지 신경 쓰고 있을까? 아닐 거다. 배고프면 먹고, 졸리면 자고, 심심하면 해수욕을 할 거다. 뭐? 여러분은 무인도에서 탈출하기 위해 24시간 구조신호를 보낼 거라고?

우리 마음이 불편한 이유는 '옳고 그름에 대한 판단' 때문인데, 그 판단은 결국 우리가 타인과 함께 살기 때문에 생긴다. 타인의 의견, 타인의 말, 타인의 시선 때문에 우리는 우리의 생각과 행동을 되돌아 보고 그게 옳은지 아닌지, 또는 타인의 언행이 옳은지 아닌지, 나아가 나와 타인 사이에 있었던 모든 사건들이 옳은지 아닌지 되짚어 보게 된다. 이 때문에 우리 마음은 맞지 않는 신발을 신은 것처럼, 꼭 끼는 허리띠를 찬 것처럼 늘 전전긍긍하는 것이다, 장자 선생님에 의하면.

그러므로 우리는 타인의 관심에서 벗어나야 하고, 타인 역시 우리의 관찰에서 벗어나야 한다. 그래야 자유로울 수 있다. 타인을 의식하는 것이 얼마나 어리석은지에 대해 인도의 현자 오쇼는 이렇게 이야기한다.

어느 날 밤, 내 친구 나스루딘이 인적 없는 길을 걷고 있었다.

저 앞에서 몇 사람이 무리지어 걸어오자 갑자기 그는 두려움에 사로잡혔다.

'혹시 저놈들은 강도가 아닐까? 여긴 나 혼자뿐인데……'

그는 벽을 뛰어넘었다. 그곳은 공동묘지였고 새로 파놓은 무덤이 있었다. 나스루딘은 그 안에 누워서 숨었다. 그런데 무리지은 사람들도 벽을 뛰어넘었다. 그들은 처음부터 나스루딘을 보고 있었고 이렇게 생각했다.

'저 사람은 왜 혼자 공동묘지 벽을 뛰어넘었지?'

사람들이 무덤 가까이 오는 소리가 들리자 나스루딘은 확신했다.

'아, 내가 옳았어. 저놈들은 강도야. 이제 내가 가진 걸 빼앗으려 하겠지? 죽은 척해야겠다.'

나스루딘은 숨을 멈추고 조용히 있었다. 사람들은 의아해 했다.

'도대체 저 사람은 왜 파놓은 무덤에 가서 누워 있는 걸까? 무슨 일인지 가봐야겠다.'

그들이 조심스럽게 다가와 나스루딘에게 물었다.

"저기요, 여기서 뭐하고 있어요? 여긴 위험해요."

나스루딘이 눈을 뜨고 보니 그들은 선량하게 생긴 사람들이었 다. 그는 크게 웃고 나서 말했다.

"나는 당신들 때문에 여기 와서 누워 있는 거예요. 그런데 당신 들은 나 때문에 여기에 왔군요."

이것은 악순환이다. 거기서 탈출하라. 타인에게 관심 갖지 말라. 그대의 삶만으로 충분하다.[*]

---

[*] 《장자, 도를 말하다》의 이야기를 줄여서 인용.

청소년들아. 장자와 오쇼의 말을 이해할 수 있겠는가? 아마도 아직은 어려울 거다. 심리학에서는 이렇게 말한다. 청소년기는 나에 대해서 눈뜨는 동시에 나와 관계를 맺은 타인에 대해 눈뜨는 시기라고. 이 시기에 만나는 타인은 주로 친구이기에 청소년에겐 주위 사람들 중 친구가 가장 중요하다고. 더불어 다른 이들, 주로 친구들의 시선과 관심에 대해 민감하다고.

그러나 누군가에게 좋은 친구가 되기 위해서는 먼저 내가 충만하고 충실해야 한다. 타인의 관심이 나를 좌우하게 만들면 나는 스스로에게 충만하고 충실해질 수 없다. 타인에게 지나치게 관심을 가지면 나 스스로를 돌볼 시간이 없어진다. 그러므로 늘 생각하길 바란다. 내가 누구인지. 내가 나이기 위해서는 무엇을 먼저 해야 하는지.

04 달인의 비법

포정이라는 요리사가 문혜왕을 위해 소를 잡았다. 그 솜씨가 훌륭해 문혜왕이 말했다.

"훌륭하도다. 그대의 소 잡는 기술이 어찌 이런 경지에 이르렀는가?"

포정이 대답했다.

"처음에 소를 잡을 때 눈에 보이는 것이 온통 소뿐이었습니다. 3년이 지나자 소가 보이지 않기 시작했습니다. 지금은 오직 정신으로 소를 볼 뿐입니다.

보통의 요리사는 달마다 칼을 바꿉니다. 뼈를 자르기 때문에 칼날이 쉽게 무뎌져서 그렇지요. 상급 요리사는 1년에 한 번씩 칼을 바꿉니다. 살을 가르기 때문입니다.

저는 지금까지 19년 동안 이 칼로 소를 수천 마리나 잡았습니다만, 한 번도 칼을 간 적이 없습니다. 그럼에도 칼날은 여전히 숫돌에 막 간 것처럼 날카롭습니다. 소의 뼈마디에는 틈이 있고 이 칼

날에는 두께가 없습니다. 두께 없는 칼날이 틈이 있는 뼈마디로 들어가니 그 사이가 텅 빈 것처럼 넓어 칼이 마음대로 놀 수 있는 것입니다."

문혜왕이 말했다.

"훌륭하도다. 그것이 바로 공력을 기르는 길이구나." 〈양생주〉

여러분 주변에도 그런 사람이 있을 것이다. 한 번도 피아노 연습 하는 걸 보지 못했는데 어느 날 갑자기 쇼팽의 즉흥환상곡을 멋지게 연주하는 사람. 멋지다. 그러나 얄밉다.

"나 어제 공부 하나도 못했어"라고 말해놓고 전교 1등 하는 그 녀석. 정말 얄밉다. "나는 아무리 먹어도 살이 안 쪄"라며 마구마구 먹는데 몸매는 날씬한 그녀. 무지 얄밉다.

앞의 포정이라는 요리사를 보라. 문혜왕이 그의 칼 솜씨를 칭찬하자 그는 이렇게 말한다.

"저는 19년 동안 수천 마리의 소를 잡았지만 칼을 간 적이 한 번도 없습니다."

엄청 얄밉다. 어째서 그런 일이 가능한가? 문혜왕이 묻자 그는 이렇게 대답한다.

"뼈나 살을 건드리지 않으니까요."

도대체 어느 경지에 올라야 그런 일이 가능한 것일까? 마치 '달인' 김병만이 나와서 "아, 소 잡는 거요? 그거 어렵지 않아요. 그냥 칼이 슥 지나가면 소가 저절로 등심, 안심, 국거리로 나뉘어져요. 쉬워요. 일도 아니에요."라고 능청맞게 말하는 것 같다.

중국 철학의 큰 줄기는 유가와 도가다(7장 '내공의 네 단계' 참고). 유가는 공자, 맹자가 그 기초를 다져 놓았다. 도가의 핵심 인물 셋을 들라면 노자, 장자, 열자가 있다. 열자(=열어구)가 지은 《열자》〈황제〉편에 보면 이런 이야기가 있다.

기성자가 주나라 선왕을 위해 싸움닭을 길렀다. 10일 후에 닭을 싸움 시킬 만하냐고 묻자 그는 대답했다.

"안 됐습니다. 지금 헛되이 교만하게 자기 기운만 믿고 있습니다."

다시 10일 후에 묻자 또 대답했다.

"아직 안 됐습니다. 싸우려 듭니다."

다시 10일 후에 묻자 또 대답했다.

"아직 안 됐습니다. 아직도 상대방을 노려보고 기운이 왕성합니다."

다시 10일 후에 묻자 말했다.

"거의 다 됐습니다. 닭이란 비록 우는 짐승이라 하지만 이제는 변화가 없게 되었습니다. 저놈은 마치 나무로 만든 닭 같은데, 그 덕이 온전하기 때문입니다."

그 닭에게 다른 닭들은 감히 도전을 하지 못하고 모두 뒤돌아서서 도망쳐 버렸다. (김학주)

이 이야기는 《장자》〈달생〉편에도 그대로 나온다. (장자 선생은 컨닝의 달인?) 나무로 만든 닭의 원문은 목계木鷄다. 앞서 등장한 포정은 마치 목계를 닮았다. 초보 싸움닭은 자기 힘만 믿고 까분다. 조금 훈련을 받고 나선, 상대를 보면 분기탱천해서 싸우려 든다. 그러나 공력이 쌓인 싸움닭이 되면 그저 나무로 깎아 만든 것처럼 평정심을 유지한다. 누가 와서 시비를 걸기는커녕, 오히려 도망쳐 버린다. 왜? 빈틈이 없어서다. 목계의 주위에 알 수 없는 아우라가 퍼져 있어 감히 맞설 엄두가 나지 않기 때문이다. 마치 포정이 칼도 갈지 않고 자연스럽게 칼질을 하듯이.

〈달생〉에는 이런 이야기도 실려 있다.

노나라 목수 재경이라는 자가 나무를 깎아 악기를 매다는 틀인 '거鐻'를 만드는데 솜씨가 귀신 같았다. 노나라 임금이 그에게 물었다.

"자네는 무슨 비법이 있기에 이렇게 거를 잘 만드는가?"

재경이 답했다.

"무슨 비법이 있겠습니까? 다만……, 저는 거를 만들 때 함부로 힘을 낭비하지 않고 반드시 금식하고 목욕재계합니다. 사흘을 그러고 나면, 거를 만들어서 돈을 받겠구나, 칭찬을 듣겠구나 하는 생각이 없어집니다. 닷새가 지나면 이렇게 하면 잘 만들겠구나, 저렇게 하면 안 되겠구나 하는 생각이 없어집니다. 이레가 지나면 저에게 팔이나 다리가 있는지조차 잊게 됩니다. 이때쯤 산에 올라가서 나무를 고릅니다. 한순간 어떤 나무 안에 이미 완성된 거의 모습이 보입니다. 저는 그제야 나무에 손을 대고 깎아냅니다. 그뿐입니다."

누군가 미켈란젤로에게 물었다.

"선생은 어떻게 그렇게 훌륭한 조각품을 만드시는 겁니까?"

미켈란젤로가 답했다지.

"완벽한 조각품은 이미 돌 안에 숨 쉬고 있습니다. 저의 작업은 그저 불필요한 부분을 깎아내는 것뿐입니다."

　통달한 사람들의 생각은 다 비슷비슷한 걸까? 내공 깊은 장인은 포정 같은 요리사나 재경 같은 목수, 또는 목계 같은 존재 아닐까? 날을 갈지 않아도 칼질을 할 수 있는 경지, 나무 안에 숨은 완성된 모습을 발견하는 경지, 그리고 마치 나무로 깎은 것처럼 흔들림이 없는 경지. 그 경지에 이르고 나면 새로운 세상이 보일지도 모른다.

　재경처럼 우리의 정신을 굶기고 영혼을 씻어내려 나무 안에 숨은 완성된 예술작품을 찾을 수 있도록 하자. 여러분에게 이렇게 말하면서 나 스스로도 다시 한 번 다짐한다. 잘 하자고. 열심히 하자고. 노력하자고.

05 북쪽 바다의 물고기

북쪽 바다에 물고기가 있는데 그 이름이 곤이다.

곤은 하도 커서 크기가 몇천 리나 되는지 알 수 없을 정도다.

곤이 변해서 새가 되는데 그 이름이 붕이다.

붕새의 등이 하도 커서 몇천 리나 되는지 알 수 없을 정도다.

〈소요유〉

《장자》의 첫 문장이다. 이 문장이 나오는 이야기 묶음의 제목은 소요유逍遙遊다. '자유롭게 산책한다, 내 멋대로 놀며 돌아다닌다'는 뜻이다. 영어권 학자들은 'Free and easy wandering' 또는 'Wandering where you will'이라고 번역한다. 아, 물론 장자의 모든 편명과 문장을 이렇게 소개할 생각은 아니다. 책의 처음은 저자의 사상을 응축해 놓은 부분이다. 이 구절을 읽으니 성공회대 교수 신영복 선생이 한 말이 생각난다.

우리가 중학교에 입학하고 처음 받은 영어 교과서는 "I am a boy. You are a girl."로 시작되거나 심지어는 "I am a dog. I bark."로 시작되는 교과서도 있었지요. 저의 할아버님께서는 누님들의 영어 교과서를 가져오라고 해서 그 뜻을 물어보시고는 길게 탄식하셨지요. 천지현황天地玄黃. 하늘은 검고 땅은 누르다는 천지와 우주의 원리를 천명하는 교과서와는 그 정신세계에 있어서 엄청난 차이를 보이고 있기 때문이었을 것입니다. 천지현황과 "나는 개입니다. 나는 짖습니다."의 차이는 큽니다.

—《강의: 나의 동양고전 독법》

《장자》첫 페이지의 원문은 다음과 같다.

北冥有魚 其名爲鯤 鯤之大 不知其幾千里也
북명유어 기명위곤 곤지대 부지기기천리야

여기서 곤鯤이란, '어정' 또는 '어란'이라는 뜻이다. 어정이란 물고기의 정자이고 어란은 물고기의 알이다. 정자는 남성의 생식 세포고 알, 난자는 여성의 생식 세포다. 세포란 생물을 구성하는 가장 작은 단위다. 물고기 정자나 알이 얼마나 클까.

아마 몇 나노미터 정도 아닐까? 아, 물론 명태알 같은 건 한 1밀리미터 정도 되겠다. 어쨌든 물고기가 가진 가장 작은 것이 바로 곤이다. 그런데 장자는 바로 그 다음 문장에서 곤의 크기가 몇천 리인지 모를 정도로 크단다. 허걱!

첫 문장부터 말이 안 된다. 컬럼비아 대학 교수이자 장자 권위자인 버튼 왓슨은 이렇게 말했다.

Chuang Tzu begins with a paradox-the tiniest fish imaginable is also the largest fish imaginable.
《장자》는 시작부터 역설이다. 상상할 수 있는 가장 작은 물고기가 또한 상상할 수 있는 가장 큰 물고기란다.

장자는 아마도 이렇게 말하고 싶었을지도 모른다. "당신이 상상할 수 있는 가장 작은 것이 사실은 가장 큰 것이다."라고. 그런데 생각해 보라. "당신이 상상할 수 있는 가장 작은 것이 사실은 가장 큰 것이다."라고 말하면 누가 듣겠나? 장자는 능청스럽게 이렇게 운을 떼우는 거다.
"저기 말이야, 북쪽 바다 알지? 거기 물고기 한 마리가 있어. 그 이름이 곤이라는데 얘가 얼마나 큰지 몸길이가 자그마치 수천 리나 된다네?"

이쯤 되면 장자의 친구들은 바로 반응할 수밖에 없다.

"뭐야? 정말?"

"그런데 사실 그 곤이란 게 변해서 새가 되거든. 그 새 이름은 붕이야. 그것도 크기가 몇천 리인지 몰라."

"이 사람 또 시작이구만. 하여간 자네의 뻥은 알아줘야 해. 하하하."

이러면서 장자와 친구들은 껄껄 웃지 않았을까? 장자의 말은 시작부터 허풍이다. 그런데 듣는 이들의 주의를 끄는 데는 성공했다. 장자는 이 비약을 통해서 우리가 가진 생각의 틀부터 깨뜨리길 원하는 것이다. 보라. 먼지가 천지다. 하찮은 것이 천하다. 흙 알갱이가 하늘이다.

장자가 《장자》라는 책 전체를 통해서 우리에게 하고 싶었던 말은 '자유로운 존재가 되자'였다. 그 어느 것에도 얽매이지 않는 사람이 되려면 우선 사고부터 자유로워야 한다. 사실 따지고 보면 우주도 하나의 원소에서 시작되었다. 가장 거대한 물질세계인 우주를 탐구하는 천체물리학이 가장 작은 존재인 원자핵을 연구하는 양자역학에서 많은 힌

트를 얻어간다는 사실이 그것을 증명한다. 스티븐 호킹은 《시간의 역사》에서 이렇게 말했다.

자연발생적인 양성자 붕괴를 관찰하는 것이 극도로 어렵기는 하지만, 우리의 존재 자체가 그 역과정인 양성자 생성의 결과일지도 모른다. 좀 더 간단하게 이야기하자면, 반쿼크도 쿼크도 존재하지 않던 우주의 초기 조건에서 쿼크가 생성된 과정의 결과가 우리의 존재 결과일 것이다. 그 과정은 우주가 처음 출발했다고 상상할 수 있는 가장 자연스러운 방식에 해당한다.[*]

이 말을 다 이해하려 하지 마라. 나도 잘 이해되지 않는다. 다만 스티븐 호킹이 '양성자와 중성자, 쿼크에 대한 관찰은 우주의 기원에 대한 연구에 많은 도움을 주었다.'고 강조했다는 것만 알면 된다. 극단적인 미시세계와 광활한 은하계의 구조가 비슷하다는 것이다. 그러므로 2300년 전 장

---

[*] 물질은 원자로 이루어져 있다. 원자는 양전하를 띤 원자핵과 그 주위를 도는 수많은 전자로 이루어져 있다. 원자핵은 양성자와 중성자로 이루어져 있으며 쿼크는 양성자를 이루는 입자다. 반쿼크는 쿼크의 대칭형이다.-저자주

자가 한 말이 결코 허풍만은 아니었던 거다.

아마도 장자가 21세기에 태어났다면 이렇게 말했을지도 모른다.

"우리 몸은 아주 작은 DNA로 이루어져 있다. 그러나 DNA가 우주다. DNA가 우주라면 그걸 담고 있는 나는? 우주의 우주다. 그러므로 나는 우주만큼 광대무변한 존재다."

여러분 모두, 우주의 우주다.

06 우물 안 개구리

붕새가 남쪽 바다로 갈 때면

파도가 일어 삼천 리까지 퍼진다.

붕은 회오리바람을 일으켜

구만 리나 되는 하늘을 날아간다.

이렇게 여섯 달 동안 날다가 내려와 쉰다.

매미와 새끼 비둘기가 이 말을 듣고 비웃으며 말했다.

"우리는 힘껏 날아올라도 느릅나무 꼭대기다.

어떨 때는 가지에 앉지도 못하고 땅으로 떨어진다.

그런데 뭐? 구만 리를 날아간다고? 왜?" 〈소요유〉

《장자》 첫 부분에 이어지는 이야기다. 붕새는 한 번 몸
을 일으키면 삼천 리의 파도가 일고 구만 리를 날아간다. 이
이야기를 매미와 새끼 비둘기가 듣는다. 새끼 비둘기는 《장
자》 원문에 학구學鳩라고 되어 있다. 학은 작다는 뜻이고 구

는 비둘기를 뜻한다. '매미와 비둘기'라고 해도 될 것을 장자는 굳이 '매미와 새끼 비둘기'라고 말했다. 소견이 좁은 사람들을 경멸하며 상징하기 위해서다.

매미와 새끼 비둘기 또는 비둘기 새끼가 붕새 이야기를 듣고 비웃으며 말한다. "구만 리는 가서 뭐하게?" 이 미물들이 감히 하늘을 뒤덮는 붕새를 조롱하는 거다. "등 따시고 배부르면 됐지, 남쪽 바다에는 뭐 찾아 먹을 게 있다고 가는 거야?"

매미와 새끼 비둘기 같은 애들은 죽었다 깨어나도 붕새를 이해할 수 없다. 장자는 이렇게 말한다.

"조금 아는 것으로 많이 아는 것을 헤아릴 수 없고, 짧게 사는 생으로 길게 사는 생을 이해할 수 없다."

매미나 비둘기 새끼와 같은 존재는 조금 알 뿐이다. 그러니 많이 아는 것을 헤아릴 수 없다. 뱁새가 황새의 뜻을 모르는 것과 같다. 짧게 사는 생으로 길게 사는 생을 이해할 수 없다. 여름 한 날을 사는 하루살이가 7년 동안 땅 속에서 기다렸던 매미의 뜻을 이해하지 못하는 것과 같다. 어라? 매미도 만만한 존재는 아니었네.

《장자》에는 우물 안 개구리 이야기도 나온다.

가을에 홍수가 나서 산골의 물이 황하로 흘러들었다. 물이 가득해서 강 이쪽에서 저쪽을 보면 서 있는 짐승이 소인지 말인지 분간할 수 없을 정도였다. 황하의 신 하백河伯은 흐뭇해하면서 세상에서 자기가 가장 멋지다고 생각했다. 하백이 물을 타고 가다 북해에 이르렀다. 아, 거기서 동쪽을 보니 물의 끝이 보이지 않을 정도였다. 하백은 고개를 떨어뜨리며 북해의 신 약若에게 탄식했다.

"옛말에 100개의 도를 들으면 저보다 나은 자가 없다고 여긴다 했는데 바로 내 얘기였네요."

약이 답했다.

"우물 안 개구리에게 바다 이야기를 할 수 없는 것 아니겠습니까? 좁은 공간에 사는데. 여름 벌레에게 얼음 이야기를 할 수 있겠습니까? 계절에 얽매어 있는데." 〈추수〉

아마도 황하의 신 하백은 호기심이 많은 존재였나 보다. 자신이 멘토로 삼은 약에게 "한 수 가르쳐 달라"고 청한다. 자고로 떼쓰며 묻지 않는 자는 배울 수 없는 법. 학문이란 글자가 '배울 學'과 '물을 問問'으로 되어 있는 것도 이를 나타낸다. 공자는 《논어》 〈술이〉편에서 이렇게 말했다.

不憤不啓 不悱不發 불분불계 불비불발
(나는 선생으로서 학생이) 스스로 의문을 갖고 분발하지 않으면 가르칠 수 없고, 표현을 못해 괴로워하지 않으면 깨우치게 할 수 없다.

분발하는 학생 하백에게 약은 이렇게 말한다.

"우물 안 개구리가 바다에서 온 자라에게 이렇게 말했지요.
'나는 여기가 좋아. 놀기도 좋고 먹이도 많고. 게나 장구벌레, 올챙이 모두 나보다 헤엄을 못 치거든. 힘도 내가 제일 세지. 우물 안의 즐거움은 내가 독차지하고 있으니 여기선 내가 왕이야.'
그런데 자라는 한쪽 발도 우물에 넣지 못했다오. 자라가 개구리에게 말했지요.
'내가 사는 바다는 아무리 큰 홍수가 나도 붇지 않고 아무리 가물어도 줄지 않는다네. 그런 곳에 사는 것이 나의 즐거움이지.'
그 말을 듣고 우물 안 개구리는 놀라서 얼이 빠졌지요." 〈추수〉

우물 안 개구리는 《장자》에 정저와井底蛙라고 쓰여 있다. 정저와, 매미, 새끼 비둘기……. 우리가 설사 붕새는 될 수 없어도 이런 것들은 되지 말아야겠다.

07 내공의 네 단계

　보통 사람들은 붕새를 비웃는 단계에 머문다. 벼슬자리 하나 채우거나 마을 하나를 돌볼 뿐이다. 잘해야 한 나라에서 두드러져 왕을 보필한다. 이런 사람들은 개구리나 새끼 비둘기의 눈으로 세상을 본다.

　송영자宋榮子[*]는 모든 이가 그를 칭찬해도 우쭐해하지 않았고, 모든 이가 그를 비난해도 기죽지 않았다. 영광과 수모의 경계를 명확히 알고 일을 서두르지 않았으나 그 같은 이도 아직 이르지 못한 경지가 있다.

　열자列子[**]는 바람을 타고 올라가 가고 싶은 곳을 마음대로 다니다 15일이 지나서 돌아왔다. 속세의 행복 따위는 바라지 않았다. 그는 바람이 부는 것에 급급해 하지 않았으나 여전히 의지하는 바가 있었다.

---

[*] 송영자: 전국 시대 송나라의 사상가 송견.

[**] 열자: 전국시대 정나라의 사상가 열어구. 실존 인물이 아니라는 설도 있다. 여기에선 신선의 경지에 이른 허구의 인물로 설정했다.

어떤 사람이 하늘과 땅의 바른 기운을 타고 변화의 기를 부려 무한한 경지에서 노닐 수 있다면 그는 어디에 의지하겠는가? 〈소요유〉

장자가 살았던 춘추 전국 시대(BC. 770~BC. 403)에는 수많은 사 상가들이 활동했다. 이들을 제자백가(諸子百家, Hundred Schools of Thought, 영어 표기가 재미있다!)라고 한다. 인을 바탕으로 인간관계를 정립해야 한다는 유가, 엄격한 형벌로 백성을 다스려야 한다는 법가, 모든 인간은 평등하며 서로 사랑할 것을 주장했던 묵가, "사람이든 자연이든 그냥 놔 둬!"를 외쳤던 도가, 병법을 우선했던 병가 등등.

이렇게 다양한 사상이 등장했던 이유는 전쟁과 기아로 점철된 당시의 혼란에 대한 해법이 필요했기 때문이었다. 대표적인 제자백가였던 유가의 인물들은 도덕주의자이면서 동시에 현실주의자였다. 이들이 생각하는 이상적인 인간형은 훌륭한 군주를 만나 관직을 맡아서 백성들을 잘 다스리는 사람이었다. 그러면서 도덕적으로 올바름을 추구하고 인간관계의 기본을 인仁, 즉 어짊으로 유지하는 것이었다.

이런 사람을 공자와 맹자는 '군자君子'라고 했다. 그런데 군자는 어떤 사람인가? 나는 사실 그동안 군자에 대한 개념이 한 번에 딱 떠오르지 않았다. 얼마 전, 옥스퍼드 대학에서 발행한 《논어》 영역판에 군자를 'Gentleman'으로 번역해 놓은 걸 보고 '바로 이거다!' 하는 생각이 들었다. 예의를 지키고 다른 사람을 배려하고 왕에게 충성하고 일정한 관직과 재산을 갖춘 사람. 군자는 바로 젠틀맨이다.

공자는 젠틀맨을 꿈꿨다. 그러나 장자는 젠틀맨이 아닌 프리맨Freeman이 되고 싶어 했다. 장자가 보기에 공자가 꿈꾸는 세상은 통제된 사회, 질서가 우선인 사회, 왕권에 의해 유지되는 사회에 불과했다. 장자는 원초적이고 자유분방하면서 우주적인 시각을 갖고 살기를 원했다. 장자가 보기엔 공자가 말하는 군자도 그저 "벼슬자리 하나 채우거나 마을 하나를 돌볼 뿐이고 잘해야 한 나라에서 두드러져 왕을 보필하는" 정도의 인물이다. 매미나 새끼 비둘기, 우물 안 개구리 같은 존재일 뿐이다.

앞의 원문에서 장자는 자신이 생각하는 내공의 단계를 넷으로 나눈다.

1단계: 보통 사람. 잘해 봐야 관직에 오르는 정도.
그러나 시각은 여전히 좁고 빈약함.

2단계: 송영자 수준. 평정심을 유지하고 조급해
하지 않음. 이 단계에 오르기도 쉽지 않음.
그러나 여전히 부족함.

3단계: 열자 수준. 바람 타고 순간 이동 가능. 세
상일에 초연한 신선의 경지. 그러나 바람
에 의지해야만 자유로울 수 있음.

4단계: 무한한 경지의 수준. 장자는 이런 이들을
지인, 신인, 성인이라 호칭함.

너무 심한 것 아닌가…… 하는 생각이 든다. 우리는, 다
시 말해 지구상에 사는 99.9999999%의 사람들은 보통 1단
계에서 아옹다옹하다 죽는다. 그런데 2, 3, 4단계라고? 4단
계 수준의 무한 경지에 오른 사람에 대해《장자》원문에는
이렇게 쓰여 있다.

至人無己 神人無功 聖人無名

지인무기 신인무공 성인무명

지인은 자기가 없고, 신인은 공이 없으며, 성인은 이름이 없다. 음…… 의역하면 지인은 '스스로를 의식하지 않고, 신인은 공에 집착하지 않으며, 성인은 이름에 연연해 하지 않는다.'는 뜻이다. 이런 정도라면 노력해서 도달할 수 있을 것 같은데……. 바람 타고 날아다니는 것보다는 쉽지 않을 까? '지인=신인=성인'은 그 무엇에도 의지하지 않는 절대 자유를 상징한다. 절대 자유인이 되는 길은 유체이탈이나 공중 부양, 혹은 순간 이동처럼 눈에 보이는 것보다 한 차원 더 높은 곳에 있다는 암시인 것 같다.

자신에 집착하지 않고, 뭔가를 이루려 하지 않으며, 동시에 명예를 탐하지 않는 성인의 경지는 우리에겐 너무 멀게만 느껴진다. 현실에서는 관직에 올라 세상의 명예를 얻기도 힘들다. 당장 수행평가 하나 하기도 힘들고, 중간고사 점수 내기도 어렵다. 고입이나 대입 시험 때문에 매일 스트레스를 받기도 한다. 그런데 성인의 경지라니…….

이렇게 생각해 보자. 나는 여행을 떠나지도 못하면서 매일 30분씩 해외여행 사이트를 들락거린다. 여행 갔을 때 사진을 보면서 몰래 웃기도 한다. 할 일이 태산 같은데도 그렇게 한다. 왜? 내가 카리브 해나 북유럽에 갔을 때, 한국에서 고민하던 중대한 일들이 거짓말처럼 하나도 생각나지 않았었다. 그래서 행복하고 즐거웠다. 다시 서울에서 골치 아픈 일들을 해야 하는 나는 종종 당시의 추억을 되새기고 불가능할 게 뻔한 해외여행 계획을 짜면서 현실을 잊는다. 그게 현실을 이기고 극복하는 한 가지 방법이다.

될 수도 없고 이루어질 수도 없는 성인의 경지를 생각하다 보면, 중차대하고 힘겨운 현실이 한없이 가볍게 느껴진다. 죽을 것 같은 고민이 아무것도 아닌 것이 된다. 지인과 신인과 성인의 경지를 꿈꿔 보아라. 지금 내 앞에 닥친 문제 따위는 가볍게 극복할 수 있다.

08 도道란 무엇인가?

　　마음이 좁은 선비에게는 도를 이야기할 수 없다. 한 가지 가르침에 집착하기 때문이다.

　　큰 지혜를 가진 사람은 먼 곳과 가까운 곳을 다 보기에 작다고 깔보지 않고, 크다고 대단하게 여기지 않는다. 우리 생각에 가장 큰 것도 우주에 비할 수 없다는 것을 알기 때문이다.

　　과거와 현재를 잘 구분하여 오래전 일이라고 해서 무관심하지 않고, 요즘 일이라고 해서 허둥대지도 않는다. 시간은 쉬지 않고 흐르니 현재는 과거가 되고 미래는 다시 현재가 됨을 알기 때문 이다.

　　무엇을 얻었다고 기뻐하지 않고 잃었다고 근심하지 않는다. 사물에도 운명이 있어 내게 속할 때가 있고, 사라질 때가 있다는 것을 알기 때문이다. 〈추수〉

　　장자는 노자를 계승한 사람인가? 흔히 우리는 노장 사상이라고 해서 노자와 장자를 한데 묶곤 한다. 노장 사상은 도교 사상이라고도 한다. 어떤 학자들은 노자와 장자의 사상이 일맥상통한다고 하고, 어떤 학자들은 장자와 노자는 많이 다르다고 한다. 장자는 노자를 철저히 부인했고, 오로지 자신만의 철학을 추구했다고 주장하는 사람도 있다.

어쨌든 장자는 자신이 노자의 사상적 제자라고 말한 적은 없다. 가장 큰 문제는 노자라는 사람이 실존했는지도 분명하지 않다는 것이다. 물론 사마천이 쓴 《사기열전》에는 노자가 등장한다. 역사적인 연구는 학자들에게 맡기자.

《장자》 곳곳에서 노자의 목소리가 들리는 건 사실이다. 이를테면, 《장자》 외편 〈추수〉편에 이런 말이 있다.

도를 깨우친 사람은 소문이 나지 않고
지극한 덕을 지닌 사람은 덕을 의식하지 않는다.

그런데 노자의 말을 담은 《도덕경》 38장에도 비슷한 말이 있다.

최고의 덕을 지닌 사람은 자기의 덕을 의식하지 않기에

진실로 덕을 지니게 되는 것이다.

　그 외에도 장자가 노자 선생의 책을 커닝한 것 같은 부분이 꽤 있다. 더구나 두 사람 다 '도'에 대해 큰 가치를 두고 있다. 자, 그럼 도란 무엇인가?《도덕경》첫 문장은 다음과 같다.

　道可道 非常道 名可名 非常名
　도가도 비상도 명가명 비상명
　도라고 말할 수 있는 것은 진정한 도가 아니다.
　부를 수 있는 이름은 영원한 이름이 아니다.

　도대체 무슨 소리인가? 영어에 더 익숙한 청소년 여러분을 위해 영역을 소개한다.

　The Tao(=도) that can be talked about is not the true Tao. The name that can be named is not the eternal name.[*]

　한문으로 써 놨든, 영어로 번역했든 이해 안 되는 건 마찬가지다. 그런데 《장자》에 이런 이야기가 나온다.

동곽자[**]가 장자에게 물었다.

"도대체 도라는 게 어디 있소?"

장자가 답했다.

"없는 곳이 없소."

"이런! 좀 더 분명하게 가르쳐 주시오."

동곽자가 재촉하자 장자가 말했다.

"땅강아지나 개미한테도 있소."

"그런 미물한테 있다고요?"

"풀 속에도 있소."

"그건 더 하찮은데?"

"돌 쪼가리에도 있소."

"아니, 왜 점점 더 심해지시오?"

장자가 씩 웃더니 말했다.

---

* 〈The Illustrated Tao Te Ching〉 Man Ho Kwok 외, Element Books 1993.
  Martin Palmer 〈The Book of Chuang Tzu〉에서재인용.
** 동곽자: 《장자》 외편 21편의 제목은 '전자방 田子方'이다. 전자방은위나라 임
  금문후의스승이었고동곽자는전자방의스승이었다.

"오줌이나 똥에도 있소."

동곽자는 더 말을 잇지 못했다. 〈지북유〉

자, 도가 무엇인지 알겠는가? 더 알 수 없게 되었을 거다. 도란 그런 거다. 도는 길 도道 자를 쓴다. 영어권 학자들은 'The Way'라고 번역했다. 도는 길이다. 우리가 가는 인생길 이다. 그 길 위에 꽃과 향수와 맛난 음식만 있겠는가? 개미 도 있고 풀도 있고 돌 조각도 있다. 물론 오줌과 똥도 있다. 그렇게 이해하면 된다.

이 책을 쓰는 나도 더 이상은 모른다. 노자 선생도 "이것 이 도다"라고 말하는 건 진짜 도가 아니라고 했다. 나머지 를 알아내는 건 여러분 몫이다.

09 옷감 장수의 연고와 손님

송나라에 대대로 무명 옷감을 다루는 사람이 있었다. 옷감을 빨고 말리고 하다 보니 손이 자주 텄다. 그는 어느 날, 손이 트지 않게 하는 연고를 발명했다. 지나던 길손이 그 이야기를 듣고 금 백 냥을 줄 테니 연고 만드는 비법을 팔라고 했다. 그는 가족들을 모아놓고 말했다.

"우리가 대대로 세탁을 하며 살았지만 기껏 금 몇 냥밖에 못 모았는데, 이제 이 약의 비법을 금 백 냥에 사겠다는 사람이 있으니 팝시다."

그는 비방을 적어 주었고 손님은 금 백 냥을 내놨다. 손님은 그 길로 오나라 임금에게 갔다. 그때 오나라는 월나라와 전쟁 중이었다. 오와 월 두 나라에는 강과 호수가 많아 수중전이 잦았다. 손님이 "월나라를 물리칠 방법이 있다"고 말하니 왕은 그를 장수로 임명했다. 그는 병사들에게 손이 트지 않게 하는 연고를 바르게 하고 월나라와 싸워 크게 이겼다. 전쟁이 끝나고 그는 오나라의 한 고을을 통째로 다스리는 영주가 됐다.

연고는 하나지만 어떤 사람은 그것으로 영주가 되고 어떤 사람은 겨우 빨래하는 일을 면했을 뿐이다. 이것은 똑같은 것을 가지고, 쓰는 방법이 달랐기 때문이다. 〈소요유〉

장자는 위 원문 뒤에 '옹졸한 마음을 갖지 말라'고 말한다. 크게 생각하고 크게 거두어들이라는 주장이다. 저 위의 '무명 옷감 다루는 사람'과 '지나던 길손'을 비교해 보자. 한마디로 재주는 곰(=옷감 다루는 사람)이 넘고 돈은 되놈(=길손)이 챙기는 꼴이다.

똑같은 연고를 놓고 왜 두 사람은 이렇게 다른 결과를 만들어 냈을까? 효용의 한계를 어디까지 두느냐의 차이일 거다. 연고를 만든 사람은 그것을 오로지 자기 자신과 가족만을 위해 쓰려고 했다. 그의 머릿속 연고의 효용 한계는 거기까지였다. 눈에 보이는 자기 가족들이 연고를 바르고 손이 트지 않으면 그만인 것이다.

반면 길손은? 어떻게 하면 이 연고의 효용 한계를 극대화할 수 있을까를 생각했다. 옷감 다루는 사람만 손이 트지 않는 연고가 필요한 건 아니다. 물을 자주 접하는 모든 사람

들 즉, 어부, 수군, 주부 등이다. 여기까지 생각이 미치려면
또 다른 동기가 있어야 한다. 어부와 수군과 주부는 늘 물을
만지기 때문에 겨울이면 손이 트고 만다. 그들의 고통을 이
해하고 덜어주려는 마음이 있어야 한다. 다른 이를 깊이 생
각하는 마음. 이걸 우리는 사랑이라고 부른다. 그런데 《장
자》의 내용들은 거대한 상징체계다. 이 우화에 등장하는 인
물들이 다음과 같은 대응값을 갖는다고 치자.

무명 옷감 다루는 사람 = 보통 사람

손 트지 않는 연고 = 진리

지나는 길손 = 진리를 알아보는 사람

보통 사람과 진리의 함수 관계는 다음과 같다.

진리 = 보통 사람 + n (n = 보통 사람의 가족 수)

보통 사람은 진리를 들어도 5~6 정도밖에는 깨닫지 못한
다. 많아야 한 자리 수다. 그러나 같은 진리도 진리를 알아보
는 사람의 귀에 들어갔을 때는 폭발적인 효력을 갖는다.

진리 = (진리를 알아보는 사람 +n)^2(n은 한 나라의 군사 수)

여기서 진리는 상황, 시간, 관계 등으로 치환할 수 있다. 같은 상황을 두고 어떤 사람은 5만큼을 얻고 어떤 사람은 10의 10제곱을 얻는다. 같은 시간을 쓰고서도 어떤 사람은 5만큼 성과를 내고 어떤 사람은 100억만큼 성과를 낸다. 같은 관계를 맺고서도 어떤 사람은 5만큼 베풀고, 어떤 사람은 100,000,000만큼 베푼다.

장자가 만약에 수학자였다면 이렇게 말했을 거다. 인생을 산술급수로 살지 말고 기하급수로 살라고.

내 주변의 청소년 중 내가 제일 잘 아는 청소년이 이렇게 물었다. (내 아들이다.)

"도대체 함수 같은 걸 배워서 나중에 어따 써먹나요?"

음……. 함수를 배워서 수학 문제를 푸는 데만 쓴다면 그건 진리를 산술급수만큼 깨닫는 셈이다. 함수를 배워서 인생과 우주가 함수 관계에 있다는 사실을 이해할 수 있다면 그건 진리를 기하급수만큼 이해하는 것이다. 결론은? 여러분이 하는 공부가 단지 시험을 잘 보기 위한 것은 아니라는 사실이다. 그래서 공부 열심히 하란 소리냐고? 그렇게 대응한다면 여러분은 1차 함수의 수준인 거다. 오늘은 여기까지.

10 쓸모없음의 장점

혜자가 장자에게 말했다.

"우리 동네에 큰 나무 한 그루가 있는데 줄기는 뒤틀려서 먹줄을 칠 수 없고 작은 가지들은 꼬불꼬불해서 자를 댈 수 없을 정도지. 길가에 있지만 목수들이 거들떠보지도 않아. 자네의 말은 이처럼 크기만 하고 쓸모가 없어서 사람들이 무시하는 거야."

장자가 대답했다.

"너구리나 살쾡이를 보게. 먹이를 노리고 이리저리 뛰기도 하고, 높이 솟았다 낮게 기어 다니기도 하지만 결국 덫에 걸려 죽고 마네. 들소를 보게. 덩치는 엄청 크지만 쥐 한 마리도 못 잡지. 그러니 큰 나무가 쓸모없다고 걱정하지 말게. 그 밑에서 아무 일 하지 말고 낮잠이나 자라고. 그 나무는 도끼에 찍힐 일도 없으니 괴로워 하거나 슬퍼할 것도 없지 않나?" 〈소요유〉

혜자는 위나라에서 재상을 지낸 사람으로, 본명은 혜시

惠施다. 장자와 이런저런 토론을 많이 한 똑똑한 사람이다. 명가 학파에 속한 사상가로 아는 것이 많아 수레 다섯 대 분량의 책을 지었다고 전해진다. 명가 학파는 개념과 호칭 사이의 관계를 연구하는 학문인데 논리학에 가깝다고 할 수 있다.

혜자는 자주 장자와 경쟁하고 장자의 말에 대해 시비도 많이 걸었다. 《장자》에도 종종 등장하는데, 주로 장자한테 면박을 받는 역이다. 장자가 주인공, 혜자는 악역인 셈이다. 그런데 혜자가 죽었을 때 장자는 그의 무덤을 찾아가 "자네가 없으니 이제 나는 누구와 말 상대를 하란 말인가." 하고 슬퍼했다고 한다.

일부 책들은 혜자와 장자가 서로 존대를 하는 것으로 해석해 놨다. 혜자가 처음 등장할 때 장자가 혜자를 '부자 夫子(=선생님)'라고 부르기 때문이다. 그러나 다음 구절에 바로 장자와 혜자는 서로를 '자子(=당신)'이라고 부른다. 나는 장자와 혜자가 친구였을 거라고 생각한다. 혜자는 기원전 370년에 태어났다. 장자와 1년 차이다. 두 사람이 때로는 "이봐, 혜 선생!" "이봐, 장 선생!" 하다가 "어이, 당신!" "친구야!" 하면서 토론했으리라고 본다. 그래야 장자가 혜자의 장례식에 가서 운 것이 타당해지기 때문이다. 학생이 선생 장례식에 가서 "난 이제 누구와 말상대를 하나" 하고 슬퍼할 수는 없다.

장자는 이 우화를 통해 '쓸모 있고 없고는 인간이 정하는 것이 아니다.'라는 이야기를 하고 있다. 사람들이 보기엔 전혀 쓸모없는 나무, 실용적이지 못한 나무가 오히려 더 오래 산다. 그 오래 사는 것만으로도 사실은 쓸모가 있다. 큰 나무가 되니 그늘도 커서 누구나 그 그늘 아래 쉬어갈 수 있다. 마을 한가운데 있어서 멀리서도 그 마을임을 알 수 있게 해준다. 약속을 정할 때도 "큰 나무 아래서 만나." 이런 식으로 할 수 있다. 옛날엔 스타벅스나 던킨도너츠가 없었기에 이렇게 약속을 할 수밖에 없었다. 그런데, 나무 자체로서는 사람들이 자기를 쓸모 있게 여기든 말든 아무런 상관을 하지 않는다.

하나의 존재에 대해, 어떤 생명에 대해 또는 사물에 대해 이것이 쓸모 있다, 없다를 정하는 것은 누구인가? 혜자인가, 장자인가, 왕인가? 아무도 아니다. 어떤 것이 쓸모 있고 없고를 정하는 것 자체가, 그런 시도를 하려는 노력 자체가 헛된 것이다. 사람의 입장에서 보면 쓸모없는 나무지만, 나무의 입장에서는 사람에게 쓸모가 있기에 베어지기보다는, 쓸모없는 나무가 되어 존재하는 게 낫다.《장자》내편에 이와 비슷한 이야기가 나온다.

석이라는 목수가 제나라로 가던 중에 한 사당 앞에 있는 커다란 참나무를 봤다. 크기는 소 수천 마리를 가릴만 했고 둘레는 백 명이 둘러설만 했고 높이는 산을 굽어볼 정도였다. 구경꾼들이 모여 장터를 이루었는데 석은 그 나무를 거들떠보지도 않고 지나갔다. 제자가 석에게 달려가 말했다.

"제가 선생님을 따라다닌 이래로 저렇게 훌륭한 재목을 본 적이 없습니다만, 살펴보지도 않고 가시니 어찌된 일입니까?"

"안 봐도 뻔하네. 저건 재목으로 쓸 수 없어. 배를 만들면 가라앉고 관을 짜면 곧 썩고 그릇을 만들면 쉽게 부서질걸? 쓸모가 없으니 저렇게 오래 살고 있는 게지."

석이 집에 돌아와 잠을 자는데, 꿈에 참나무가 나타나 말했다.

"그대는 배나무, 귤나무와 유자나무를 보지 못했는가? 열매를 맺는다는 쓸모 때문에 제명에 못 살지. 열매는 다 내주고 뜯기고 베어지지. 세상일이 이와 같다네.

나는 쓸모없기를 바란 지 이미 오래되었네. 죽을 고비를 몇 번이나 넘기고 이 경지에 오른 것이지. 그대야말로 죽을 날이 얼마 남지 않은 쓸모없는 인간이야. 그런 자가 어찌 나를 보고 '쓸모없다'는 말을 하는가?"〈인간세〉

헉. 도대체 어떻게 해야 쓸모없음으로 존재하는 참나무의 경지에 오를 수 있단 말인가. 하긴, 우리가 진정으로 추구하는 것들은 어쩌면 쓸모없는 것일지도 모른다. 사랑을 어디에 쓸 것인가? 신념이 밥을 먹여 주던가? 꿈이 돈이 되던가?

고인이 된 스티브 잡스는 생전에 "내가 만든 작고 아담한 전자기기로 모든 사람이 소통하는 세상을 만들겠다."고 호언했다. 애플컴퓨터를 처음 세울 때부터 그는 이렇게 말하고 다녔다. 누가 들으면 이렇게 말했을 거다.

"쓸데없는 소리 좀 하지 마라. 그런 꿈을 꾼다고 밥이 나오냐, 쌀이 나오냐?" 아, 미국이니까 "빵이 나오냐, 밀가루가 나오냐."라고 했을지도…….

한마디로 허황되고 쓸모없는 꿈이었다. 그런데 그 헛된

꿈이 잡스를 숨 쉬게 했다. 결국 세상 사람들은 그가 만든 아이폰, 아이팟으로 소통하고 있다. 내가 가장 잘 아는 청소년 한 명도 매일 아이팟에 매달려 있다.

과거를 조심스레 관찰해 보면, 쓸데없는 꿈을 꾼 사람들이 역사를 이끌어 왔다는 걸 알게 된다. 그런 꿈을 가진 사람들은 《장자》에 나오는 참나무와도 같다. 세상의 목수들이 쓸모 있다고 하든 말든, 아무 상관없다. 여러분도 오늘은 다른 사람들이 보기에 참으로 쓸데없을 것 같은 꿈 하나쯤 마음에 새겨 보는 건 어떨는지.

11 오늘 너무 많이
울지는 않기를

삶을 즐거워하는 것이 어리석은 일이 아니라고

자신 있게 말할 수 있는가?

죽음을 싫어하는 것은 어려서 고향을 잃고 떠나온 뒤

돌아갈 줄 모르는 것과 같다고 할 수 있지 않겠는가?

미녀 여희는 애 땅에서 국경을 지키는 관리의 딸이었다.

처음 진晉나라에 가게 되었을 때 여희는 얼마나 울었는지

옷깃이 눈물로 흠뻑 젖을 정도였다.

여희는 곧 왕의 눈에 들었다. 왕의 처소에 이르러

왕과 잠자리를 같이하고 왕이 먹는 요리를 먹고

왕과 같이 비단옷을 입었다.

그러자 여희는 고향을 떠날 때 울었던 일을 후회했다.

죽은 사람들도 살아있을 때

삶에 집착한 것을 후회하지 않을까? 〈제물론〉

여희는 진나라 헌공이 여융이라는 나라를 물리치고 납치해 온 여인 중 하나였다. 그녀가 어찌나 예뻤는지 헌공은 나라 일을 잊을 정도였다. 곧 여희는 아들 해제를 낳았다. 헌공에게는 이미 전 부인이 낳은 세자 신생과 두 아들(중이, 이오)이 있었는데 여희는 해제를 세자로 만들기 위해 신생을 죽이고 다른 아들들은 내쫓았다. 헌공이 죽고 여희는 해제를 왕으로 만드는 데 성공했지만, 곧 이오가 쳐들어와 여희와 해제 모두 죽임을 당한다. 그녀는 한마디로 경국지색傾國之色의 표본이었다.

이런 여희가 진나라에 끌려갈 때는 고향을 떠나는 것이 슬퍼서 울었다. 그러나 진나라 왕의 후궁이 되어 부귀영화를 누리게 되자 이런 생각이 들었다.

'나도 참 어리석었지……. 그 지저분하고 작은 시골 마을을 떠나는 게 뭐 그리 서러웠다고 울었나. 이곳이 훨씬 더 풍족하고 이곳의 삶이 훨씬 더 행복한데.'

애 땅의 시간들은 삶을 뜻하고, 진나라 왕궁은 죽음을 뜻한다. 우리는 누구나 죽음을 두려워하고 죽기를 싫어한다. 그런데 장자는 묻는다. 죽은 다음에 우리를 기다리는 것이 혹 왕궁일지도 모르지 않나?

영화 '맨 인 블랙' 3편을 보면 과거와 현재와 미래의 모든 시간과 공간을 동시에 볼 수 있는 현자 그리핀이 등장한다. 그리핀의 모습은 마치 어린아이 같다. 유치원생같이 맑은 눈동자와 하얀 피부, 순수한 마음을 가졌다. 그는 걱정하지 않고 두려워하지 않으며 조급해 하지도 않는다.

어차피 일어날 일은 일어날 것이고 지나간 것은 어쩔 수 없다는 것을 너무나 잘 알기 때문이다. 아이의 마음을 가 진 그리핀은 언제나 미소를 잃지 않는다. 슬퍼하거나 후회한다고 해서 어떤 일을 바꿀 수 없다는 것 또한 잘 알기 때문이다. 만약 우리에게도 그리핀의 눈이 있다면 우리는 울지 않을 것이다. 애 땅을 떠날 때 이미 우리의 미래에 왕궁이 있음을 알 테니까.

《장자》의 여희 스토리가 상징하는 것은 또 있다.

애 땅 = 이곳 = 현재 = 현상의 유지
진 왕궁 = 저곳 = 미래 = 변화와 개혁

이곳에 내내 머물러 있는 것이 과연 좋은 것일까? 저곳으로 가야 하는 것은 아닐까? 현재가 최선이라고 자신 있게 말할 수 있을까? 미래가 더 멋지게 전개되지 않겠는가? 현상을 유지하는 것이 정말 괜찮은 걸까? 변화하고 개혁하는 것이 낫지 않을까?

다시 처음의 상징을 적용한다면, 여희가 애 땅을 떠나 진 왕궁으로 들어서는 것은 삶을 마치고 죽음을 맞이하는 시점이다. 죽음을 기쁘게 맞이하려는 사람이 있을까? 누구나 꺼려 하는 시간이다. 아마도 가장 견디기 힘들고 괴로운 순간이리라. 그런데 이거 봐라. 최악의 시기를 넘기니 이전보다 더 아름다운 나날이 펼쳐진다. 비교할 수 없을 정도다. 그러니 지금 혹여 애 땅을 떠나고 있더라도 울지 마라. 장자는 이런 말을 하고 싶었던 것 같다.

만약 여러분이 지금 이곳에서의 삶이 힘들고 고통스럽다고 해도 너무 많이 울지는 마라. 미래의 여러분은 오늘을 웃으며 기억할 테니까. '내가 왜 그 정도도 못 버텼을까' 하면서.

12 무엇이 옳고 그른가?

설결이 스승 왕예*에게 물었다.

"선생님은 누구나 '맞다'고 동의할 수 있는 뭔가를 알고 계십니까?"

"내가 그걸 어찌 알겠나?"

"그럼 모르신다는 겁니까?"

"내가 그걸 어찌 알겠나?"

"그럼 우리는 그 무엇도 알 수 없는 겁니까?"

"내가 그걸 어찌 알겠나? 다만 그 문제를 생각해 보세. 우리가 안다고 생각하는 것이 사실은 모르는 것이 아니라고 할 수 있는가? 우리가 모르는 것이 실은 아는 것이 아니라고 할 수 있는가?

사람이 습기가 많은 곳에서 자면 허리가 아프고 몸이 고장 나겠지. 미꾸라지도 그럴까? 사람이 나무 위에서 산다면 떨어질까 봐 겁이 나서 떨겠지. 원숭이도 그럴까? 사람과 미꾸라지와 원숭이 중

---

* 설결, 왕예: 중국 고대 전설에 나오는 어진 사람들.

에서 누가 옳은 곳에 사는 것인가?

사람은 고기를 먹고, 사슴은 풀을 먹고, 지네는 뱀을 먹고, 올빼미는 쥐를 먹으며 좋다고 하지. 이 넷 중에서 어느 쪽이 맛을 제대로 안다고 할 수 있겠나?

원숭이는 원숭이와 짝을 맺고, 고라니는 사슴과 어울리고, 미꾸라지는 물고기와 놀지 않는가? 진나라의 여희를 보고 사람들은 미인이라 하지만, 물고기들은 그녀를 보고 물속으로 숨고 새들은 높이 날아가고 사슴들은 달아난다네. 이 중에 누가 아름다움을 안다고 하겠나?"

설결이 답을 하지 못하자 왕예가 말했다.

"나에게 무엇이 옳고 그른지 따지지 말게." 〈제물론〉

이쯤 되면 장자의 이야기가 반복되는 느낌이다. 《장자》의 다른 부분에는 또 이런 일화가 실려 있다.

견오가 연숙[*]에게 말했다.

"제가 접여라는 사람에게 이런 말을 들었습니다. 저 멀고 먼 고

---

[*] 견오, 연숙: 장자가 만들어 낸 허구의 인물

야산에 신인神人이 사는데, 피부는 눈처럼 희고 몸매는 부드럽기가 처녀 같다는 겁니다. 음식을 먹지 않고 바람으로 호흡하고 이슬을 마시며 산다는데요. 구름을 타고 용을 부리면서 사해四海 밖을 노닌다는 거예요. 맘만 먹으면 병충해를 막고 풍년이 들게 할 수 있다는데……. 도무지 미친 사람의 말 같아서 믿을 수가 있어야지요."

연숙이 대답했다.

"그렇겠지. 눈먼 자는 아름다운 보석을 볼 수 없고, 귀머거리는 종소리를 들을 수 없으니, 어찌 몸만 눈멀고 귀먹겠나. 아는 것도 눈멀고 귀먹을 수 있지. 바로 자네처럼. 신인은 덕이 있어 모든 것과 하나될 수 있는 존재라네. 세상 사람들은 그가 천하를 다스려 주기를 바라지만, 신인이 뭐 때문에 귀찮게 그런 일을 하겠나? 신인은 자기 몸의 때만 갖고도 요-순 임금을 만들 수 있는데, 왜 병충해 따위의 세상일에 신경을 쓰겠나?"〈소요유〉

두 일화의 인물을 재분류해 보자.

설결   왕예
⟺
견오   연숙

한쪽에는 설결-견오가 있고 다른 한쪽에는 왕예-연숙이 있다. 설결이 알고자 하는 것은 '누구나 맞다고 동의하는 그 무언가가 있는가'다. 견오가 말하는 것은 '접여가 말한 신인은 믿을 수 없다'다.

둘의 대칭점에 선 스승들의 대답은 다르다. 왕예는 '우리가 아는 것은 무지요, 우리가 모르는 것이 진리'라고 주장하고, 연숙은 '신인은 당연히 있고 세상일 따위에는 상관하지 않는 존재'라고 맞선다. 이 황당한 이야기들이 의미하는 것은 무엇인가?

동양철학 전문가이자 컬럼비아 대학교 동아시아 언어문학과 교수인 버튼 왓슨의 말을 들어 보자.

장자도 공자나 묵자, 맹자와 마찬가지로 전쟁과 가난, 불평등을 겪는 백성들의 고통을 잘 알고 있었다. 또 죽음과 질병, 자연 재해도 목격했다. 다만 그는 사람들이 이 모든 것을 고통스럽다고 인식하기 때문에 괴로울 뿐이라고 여겼다. 만약 우리가 좋은 것과 나쁜 것, 바람직한 것과 그렇지 못한 것을 구분하는 기계적 관습을 버리기만 한다면 고통은 사라질 거라고 봤다.

장자에 의하면 사람은 스스로 고난과 속박을 만들어내고 자신이 만든 잣대의 그물에 얽매여 두려워하는 존재다. 장자는 전통적 가치관이란 게 얼마나 무의미한지, 그 구속에서 벗어나기만 하면 우리가 얼마나 자유로워질 수 있는지를 반복해서 강조했다.[*]

원문에 등장하는 설결-견오는 위의 인용문에 나오는 것처럼 기계적 관습을 버리지 못한 채 자신이 만든 잣대의 그물에 갇혀 전통적 가치관을 고수하는 사람을 상징한다. 왕예-연숙은 이 모든 것에서 벗어나 열린 사고를 가진 자유인을 의미한다. 장자의 이야기는 종종 비과학적이고 비이성적이다. 그러나 장자는 묻는다. 무엇이 과학적이고 이성적인가? 과학과 이성이 모든 문제에 해답을 주는가? 장자는 진리를 이야기하기 위한 한 방편으로 허구를 택한 것 뿐이다.

때로 우리는 실제로 일어난 일보다 한 편의 영화나 한 권의 소설에서 더 큰 감동을 얻는다. 영화나 소설은 지어낸 이

---

[*] Watson Burton, 《Chuang Tzu-Basic Writings》, Columbia University Press, 1964

야기일 뿐이다. 슬픈 영화를 볼 때 '저건 다 거짓말이야.'라고 하거나 아름다운 소설을 읽고 '이건 다 작가가 꾸며낸 것일 뿐이야.'라고 하면서 우리의 감동을 자제하지 않는다. 왜? 인간은 이야기를 통해 깨닫는 존재이기 때문이다. 장자가 말하는 저 이야기를 통해 무엇을 깨달아야 할까? 아마도 장자가 살아 돌아온다면, '여러분이 깨달아야 할 것 은 바로 이것'이라고 말하지 않을 것이다. 그저 이야기 하나 툭 던져 놓고 여러분이 고민하는 모습을 보며 슬쩍 미소 짓지 않을까?

13 말로 전할 수 없는 것

제나라 환공이 궁중의 정자 위에서 책을 읽고 있었다. 목수 윤편이 마당에서 수레바퀴를 깎고 있다가 망치와 끌을 놓고 올라와서 환공에게 물었다.

"감히 여쭙겠습니다만 전하께서 읽고 계시는 책에는 무엇이 쓰여 있습니까?"

"성인의 말씀이지."

"그 성인은 살아계십니까?"

"돌아가셨지."

"그렇다면 전하께서 읽고 계신 책은 옛날 사람들의 찌꺼기일 뿐이군요."

환공이 책을 덮고 말했다.

"네 이놈! 왕이 책을 읽고 있는데 감히 목수 따위가 시비를 걸다니. 네가 한 말에 대해 합당한 설명을 한다면 모르되, 그렇지 못하면 죽음을 면치 못하리라."

윤편이 말했다.

"신은 다만 제가 하는 목수 일에 견주어 드리는 말씀입니다. 수레바퀴를 만들 때 바퀴살을 엉성히 깎으면 헐거워서 튼튼하지 못하고 덜 깎으면 빡빡하여 축에 들어가지 않습니다. 더도 덜도 아니게 정확하게 깎는 것, 이게 중요합니다만 그 기술은 입으로 가르쳐 줄 수 없는 것입니다. 저는 자식에게조차 그것을 말로 전해줄 수가 없고 제 자식 역시 저에게 그것을 말로 전해 받을 수 없습니다. 그래서 제가 일흔이 되도록 바퀴를 깎고 있는 것입니다. 옛 사람들도 그와 마찬가지 아닐까요? 가장 핵심적인 것은 전하지 못하고 세상을 떠나지 않았을까요? 그렇기 때문에 전하께서 읽고 계시는 것이 옛 사람들의 찌꺼기일 뿐이라고 하는 것입니다."〈천도〉

가장 핵심적인 것은 말로 전할 수 없다. 아하, 그런 것인가? 장자는 왕과 목수의 대화가 등장하는 저 이야기 앞에 이런 설명을 먼저 해놨다.

세상에서는 말을 소중히 여기기 때문에 책을 전해주고 있다. 세상이 아무리 소중히 여긴대도 소중하게 생각할 만한 것이 못 된다. 그들이 소중히 여기는 것이란 정말로 소중

하지는 않다. (…) 슬프구나, 세상 사람들은 그 형체-색깔-이름-음성으로 도의 참모습을 터득할 수 있다고 생각하다니. 그 형체-색깔-이름-음성으로는 도저히 도의 참모습을 터득할 수 없는 법이다. 그러니까 '참으로 아는 자는 말하지 않고 말하는 자는 아는 것이 없다'고 한다. (안동림)

고전을 읽다 보면, 역사의 성인들이 서로 연락을 주고받은 게 아닐까 싶을 정도로 비슷한 말을 많이 했다는 것을 알 수 있다. 앞의 '참으로 아는 자는 말하지 않고 말하는 자는 아는 것이 없다'는 문구는《도덕경》56장 '지자불언 언자부지知者不言 言者不知'를 그대로 인용한 것이다. 더구나 출처도 밝히지 않고 썼다! 다행히 전국시대에는 저작권 개념이나 표절 시비 같은 게 없었다.

제환공과 목수의 에피소드는 불교에서 말하는 일화를 닮았다.

부처가 영취산에 갔을 때 범왕이 "저에게 좋은 말씀 좀 해주십시오" 하면서 연꽃을 바쳤다. 곧 사람들이 몰려왔다. 부처는 아무

말 없이 꽃을 바라봤다. 답답한 사람들이 말했다.

"한 말씀 해주세요."

"진리가 뭡니까?"

"불법이 뭡니까?"

"어떻게 하면 깨달을 수 있습니까?"

부처는 말없이 연꽃을 들어 올렸다. 사람들이 또 웅성거렸다.

"아, 그래서 뭘 어쩌라고요? 좀 쉽게 설명해 주세요!"

이때 오직 부처의 제자 가섭만이 스승의 뜻을 깨닫고 미소를 지었다. 부처는 말했다.

"사람의 마음에 본래 덕이 있으니 그로 인해 번뇌에서 벗어날 수 있노라. 가섭은 내 말을 알리라."

이때 생긴 말이 염화미소=불립문자=이심전심=교외별전이다. 도대체 부처는 왜 연꽃을 들었으며, 가섭은 왜 미소를 지었을까? 알 수 없다. 가장 근사한 해석은 '더러운 물속에 연꽃이 피듯 사람은 혼탁한 세상에서 순수한 마음을 지키면 깨달을 수 있게 된다'는 거다. 그럼 처음부터 부처님이 그렇게 말했겠지! 왜 연꽃을 들었느냐 이 말이다.

앞의 목수 말을 들어 보라. "가장 핵심적인 것은 말로 전할 수 없는 것"이다. 바퀴살을 깎아 수레바퀴에 끼우는 기술을 어떻게 말로 전하겠는가? 목수의 아들이 수레바퀴 장인이 되고 싶다면 열 살부터 30년 동안 아버지 옆에서 대패질을 하는 수밖에 없다. 그런데 사람들은 30년 기술을 고작 한두 마디 말로 전해 받으려 한다. 말로 안 되면 책으로라도 전수 받으려 한다. 한 나라의 왕조차 그런 행동을 하고 있다. 현자 목수가 보기에 왕이 읽는 책은 옛사람들의 찌꺼기에 불과하다.

아마도 제환공은 무릎을 치며 목수에게 절을 올렸을지도 모른다. 무릇 배우려는 사람은 그래야 한다. 다만 "성인들이 남긴 책은 쓰레기"라고 했던 목수 윤편도 다 옳은 건 아니다. 옛날 시골에서 어른들이 술을 마시고 싶은데 돈이 없을 때는 술 만들고 남은 찌꺼기라도 짜서 마셨다. 맛은 없었지만 취하는 건 마찬가지였다. 그러니 직접 옛 성인들을 만날 수 없는 우리들은, 그분들이 쓰다 버린 쓰레기라도 뒤져야 한다.

나는 가끔 쓰레기 더미 속에서 보석을 줍곤 한다. 여러분도 나와 같이 보석 채취를 하러 가려는가?

14 우리는 원숭이를
비웃을 수 있는가?

사물의 본질이 하나임을 알지 못하고 둘 중 한쪽만 보는 것을 조삼모사라 한다. 무슨 뜻인가? 어느 날 원숭이 주인이 원숭이들에게 도토리를 주면서 말했다.

"이제부터 도토리를 아침에 세 개, 저녁에 네 개 주겠다."

원숭이들이 모두 성을 냈다. 주인이 다시 말했다.

"그럼 아침에 네 개, 저녁에 세 개를 주마."

그러자 원숭이들이 모두 기뻐했다. 〈제물론〉

조삼모사는 《장자》에서 가장 많이 인용되는 고사성어다. 우리는 흔히 조삼모사 이야기가 주는 교훈에 대해 '어리석은 원숭이처럼 되지 말자'라는 성급한 결론을 내린다. 물론 그 결론이 잘못된 것은 아니다. 그런데 과연 우리는 원숭이를 어리석다고 말할 수 있는 것일까?

2012년 10월, 독일 베를린 올림피아 스타디움에서 2014년

브라질 월드컵의 유럽 예선 C조 독일 대 스웨덴의 경기가 열렸다.

전반전에 독일은 클로제가 두 골, 메르테자커가 한 골을 넣어 3 대 0으로 리드했다. 후반 들어서자마자 독일은 메칠이 또 한 골을 넣었다. 4 대 0. 축구에서 이 스코어는 뒤집을 수 없는 것이다. 스웨덴은 패색이 짙었다. 벤치의 감독과 선수들은 고개를 떨구었다. 홈 팀 독일의 관중들은 경기가 끝나기라도 한 듯 환호를 질렀다.

후반 16분, 스웨덴 팀이 첫 골을 넣었다. 칼스트롬의 크로스를 받은 이브라히모비치가 헤딩으로 골을 성공시킨 것이다. 3분 뒤 루스티그가 슛이 거의 불가능한 오른쪽 각도에서 독일 골대에 슛을 쏘았을 때 독일 감독 요아힘 뢰브는 벤치에서 벌떡 일어섰다. 4 대 2, 이건 축구에서 충분히 뒤집을 수 있는 점수 차이다. 이때부터 스웨덴은 맹공에 나선다. 헤딩 슛, 크로스 슛, 왼발 슛, 측면과 정면을 오가며 독일을 괴롭히지만 독일 역시 정신 차리고 수비를 견고히 한다.

스웨덴 팀은 후반 31분 요한 엘만데르의 왼발 슛으로 점수를 1점차로 좁힌다. 4 대 3. 이제 독일 선수들의 얼굴에서는 두려움마저 느껴진다. 뢰브 감독은 진정하라는 신호를 보낸다.

더 이상 수비만으로는 안 되겠다고 느낀 독일 선수들은 역공에 나선다. 후반 36분 크루스의 날카로운 슈팅이 골대를 살짝 빗나간 뒤 연이어 외칠의 슛이 스웨덴의 골 망을 건드리고 아웃되었다. 후반 45분. 추가시간이 적용되어 다시 2분이 지났다. 남은 시간은 1분, 스코어는 4 대 3. 독일 팀이 이대로 이기는 것인가?

그러나 승리의 여신은 결코 독일에 미소를 보내지 않았다. 스웨덴의 라스무스 엘름이 동점골을 터뜨렸고 동시에 심판의 종료 휘슬이 울렸다. 4 대 4!

경기가 끝나자 스웨덴 팀은 마치 월드컵에서 우승이라도 한 듯 기뻐했다. 다 이긴 경기의 승점을 지키지 못한 독일 전차 군단은 허탈한 모습으로 그라운드에 주저앉았다. 골키퍼 노이어는 고개를 절레절레 흔들었다. 몇몇 선수들은 넋이 나간 표정이었다. 뢰브 감독은 실망한 모습으로 스타디움을 빠져나갔다.

전반에 지고 있다고 해서 불행한 것도 아니고 후반에 만회했다고 해서 반드시 행복한 것도 아니다. 스웨덴 팀이 더 좋은 것도 아니고 독일 팀이 더 나쁜 것도 아니다. 전후반 90여 분 동안 두 팀은 천국과 지옥을 오갔다. 누구는 일찍 잘 나갔고 누구는 뒤늦게 빛을 발했다. 다만 경기를 끝내는 휘슬이 울렸을 때 어떤 이는 웃고 어떤 이는 울었을 뿐이다. 그런데……, 어차피 스코어는 4 대 4 동점이다. 그토록 치열하게 치고받으며 혼전을 펼쳤지만 결과는 무승부다.

승리의 여신은 결국 어느 누구의 손도 들어주지 않은 셈이다. 니케(Nike)는 두 팀에게 똑같은 은혜를 베풀었다. 그런데 왜 한쪽은 기뻐하고 다른 쪽은 좌절하는 것일까. 신은 독일에게도 도토리 네 개를 주고 스웨덴에게도 도토리 네 개를 주었다. 다만 독일에게는 아침에 준 것이고 스웨덴에겐 저녁에 준 것뿐이다. 그런데 독일 사람들은 실망하며 성을 냈고, 스웨덴 사람들은 기뻐하며 춤을 추었다. 우리가 사물의 본질이 하나임을 알지 못하고 둘 중 한쪽만 보는 조삼모사의 시각을 벗어나 있다고 할 수 있을까?

신이 우리에게 준 것이 도토리나 골이 아니라 행운이라 생각해 보자.

여기 두 사람이 있다. A는 20~30대에 성공하고 행운을 잡았다. 돈도 벌고 명예도 얻고 기부도 많이 해서 영웅 대접을 받았다. 그런데 나이가 들어 죽게 되었을 때는 사업에 실패해서 돈도 잃고 배신을 당해 명예도 잃고 가족도 모두 그를 떠났다.

B는 젊은 시절에 가난과 불운이 겹쳐 힘겹게 살았지만, 60세 이후에 명예와 부와 가정의 행복을 모두 거머쥐었다. 과연 이 두 사람을 똑같다고 할 수 있을까?

여러분이라면 A와 B 중에 어떤 사람이 되고 싶은가? 물론 B처럼 되고 싶을 것이다. 그러나 신의 입장에서 보면 A와 B에게 준 것은 명분에서나 실질에서나 같은 것이다. 신은 같은 것을 주는데도 인간은 때로 성내고 때로 기뻐한다. 우리가 과연 원숭이와 다르다고 말할 수 있을까?

그리고 하나 더. 장자의 조삼모사에서 빠진 개념이 하나 있다. 그것은 바로 '시간'이다. 시간은 인간의 존재를 규정하는 아주 중요한 요소다. 조삼모사는 그것이 조사모삼이 아니기에 이미 조사모삼과는 다르다. 장자는 조삼모사=조사모삼을 주장하지만, 조와 모 사이에는 아침과 저녁이라는 간극이 있다. 이 간극은 최소 6시간에서 최대 12시간이다. 이 정도의 시간은 어떤 인간도 '없는 것'으로 간주하지 못한다. 이렇게 말하는 나 역시 원숭이일까?

15 조삼모사는 천기누설?

조삼모사 에피소드 뒤에는 저자의 무시무시한 저의가 숨어 있다. 나는 《장자》의 이 대목에 대해 여기저기 문헌을 뒤지며 연구하다가 치를 떨었다. 이걸 말하면 천기누설이 아닐까 하는 두려움마저 느꼈다. 왜?

조삼모사 이야기는 사실 장자가 앞선 사상가인 열자의 책 《열자》에서 그대로 베껴다 쓴 것이다. 그런데 책 《열자》에는 이 이야기가 조금 다르게 소개되어 있다.

송나라에 저공이란 사람이 있었는데 원숭이를 사랑하여 원숭이와 서로 말을 할 정도였다. 그는 집안 식구들의 식량을 줄이면서까지 원숭이를 길렀다. 그러다 보니 궁핍해져서 원숭이 먹이를 제한하려 했다. 그러나 원숭이들이 따르지 않을까 봐 먼저 그들을 속여 말했다.

"너희들에게 주는 밤을 아침엔 세 개, 저녁에 네 개로 하면 만족하겠느냐?"

  원숭이들이 모두 일어서서 성을 냈다.

  조금 있다가 저공이 다시 말했다.

  "그럼 아침에 네 개, 저녁에 세 개로 정하면 만족하겠느냐?"

  원숭이들이 모두 따르며 기뻐했다.[*]

  여기까지는 내용이 비슷하다. 문제는 그 다음이다. 《열자》에는 이렇게 쓰여 있다.

  세상 만물 중에 능력 있는 것들이 능력 없는 것들을 농락하는 실상이 모두 이와 같다. 성인은 지혜로써 여러 어리석은 이들을 농락한다. 저공이 지혜로써 여러 원숭이들을 농락하는 것과 같다. 명분이나 사실에 아무런 차이가 없는데도 그들을 기쁘게도 하고 노엽게도 할 수 있는 것이다.[**]

  본명이 열어구列禦寇인 열 선생님은 말씀하셨다.

---

[*], [**] 김학주,《열자》고쳐 인용

성인이 지혜로써 여러 어리석은 이들을 농락하는데 그건 저공이 지혜로써 여러 원숭이들을 농락하는 것과 같다.

聖人以智籠群愚, 亦猶狙公之以智籠衆狙也

성인이지농군우, 역유저공지이지농중저야

그렇다면 이런 등식이 성립한다.

성인 = 원숭이 주인

원숭이 = 우매한 군중

원숭이 주인은 도토리 분배로 원숭이를 농락하고, 성인은 지혜로써 우매한 군중을 농락한다. 열자는 이렇게 대놓고 성인을 비난했다. 열자 시대에는 중국에 기독교도 불교도 없었다(불교는 기원후 67년경에 중국에 전파된다). 이슬람교도 조로아스터교도 통일교도 없었다. 그가 말하는 성인은 하나님이나 부처님, 알라가 아닐지 몰라도 초월적 존재, 신인 것만은 확실하다. 원숭이 주인이 원숭이를 갖고 노는 것은 마치 신이 인간을 가지고 노는 것과 닮았다는 것이다. 조삼모사에 이런 엄청난 비밀이 숨어 있었다니! 신의 속마음을 이렇게 드러내도 되는 건가?

그런데 열자의 후배인 장자는 조삼모사 이야기를 《장자》에 옮겨 쓰면서 자기 식의 해석을 붙였다.

명분과 실질에 차이가 없는데도 원숭이들은 성을 내기도 하고 기뻐하기도 한다. 사물의 본질이 하나임을 몰라서다. 이런 이유 때문에 성인은 옳다고 주장하는 사람들과 아니라고 주장하는 사람 들을 모두 포용한다. 고르게 베풀어 주는 하늘의 혜택을 양쪽이 다 누릴 수 있도록. 이를 일러 한쪽에 치우치지 않음이라 한다. 〈제물론〉

열자는 인간으로서 도저히 가늠할 수 없는 지혜를 가진 성인이 우매한 인간을 농락한다고 해석했는데, 장자는 인간은 원래 옳다, 그르다 시비에 휩싸이는 존재이므로 성인은 시비를 잘 조화하고 포용하는 존재라고 해석했다. 성인-초월적 존재-신이라는 개념 연장이 가능하다면, 열자의 신은 악마에 가깝고 장자의 신은 천사에 가깝다. 아마도 장자는 춘추 전국 시대라는 참혹한 현실 속에서 악마보다는 천사에 가까운 메시아를 더 기대했는지도 모른다. 바로 이 대목에서 장자의 안타까움과 인간미가 강렬하게 내 마음을 두

드린다. 그러므로 《열자》를 저자 허락도 없이 표절한 부분은
용서할 수밖에 없다.

16 조삼모사 파고들기

조삼모사 원문에는 '천균天鈞'이란 말이 나온다. 번역자들은 '자연스런 가지런함' '하늘의 물레' '균형된 자연' 등으로 해석했다. 천균은 '하늘 천'과 '고를 균' 두 글자로 되어 있다. 앞의 천天 자에 대해서는 하늘 또는 자연 정도의 해석이 가능하다. 문제는 뒤의 균鈞 자다. 사전을 찾아보면 균鈞의 뜻은 ① 서른 근. 30근(斤), ② 고르다. 고르게 함, ③ 가락. 음조(音調) 등 아홉 가지나 된다.

이렇게 다양한 뜻을 가진 글자를 어떻게 해석할 것인가? 원문에는 또 양행兩行이란 말도 나온다. 둘, 짝을 뜻하는 양兩 자와 걷다, 가다, 행하다는 뜻의 행行 자라는 비교적 명료한 뜻의 두 글자로 이루어진 양행에 대한 해석도 갖가지다. 그래선지 조삼모사의 뒷부분은……, 어휴…… 일단《장자》원문을 보자.

名實未虧 而喜怒爲用

명실미휴 이희ㄴ위용

亦因是也 是以聖人和之以是非

역인시야 시이성인화지이시비

而休乎天鈞 是之謂兩行

이휴호천균 시지위양행

중간중간 어려운 한문도 있지만 대체로 알만한 글자들
이다. 저 원문을 정확히 해석하는 것은 나의 능력 밖의 일
이다. 다만 다양한 역서를 비교해 가며 몇 주 동안 고민한
끝에 앞 장(14장)의 번역에 안착했을 뿐이다. 나는 청소년 독
자 여러분을 위해 위 문단에 대한 몇몇 해석을 소개하고자
한다.

명목이나 실질에 아무런 차이가 없는데도 원숭이들은 성을 내다가
기뻐했다. 있는 그대로 인정(因是)해야 한다. 그러므로 성인은 옳고 그
름의 양극을 조화시킨다. 그리고 모든 것을 고르게 하는 '하늘의 고름
(天鈞)'에 머문다. 이를 일러 '두 길을 걸음(兩行)'이라고 한다.

―《장자》, 오강남 풀이

명칭과 실상이 손상되지 않았는데도 기뻐하고 성내는 것이 작용하니 역시 이[그것이 같음을 알지 못함] 때문이다.

그러므로 성인은 시비를 조화시켜 천균(天鈞)에서 쉬니

이것을 양행(兩行)이라고 한다.

—《장자》, 김창환 옮김

명목이나 실질에 아무런 차이가 없는데도 원숭이들은 성을 내다가 기뻐했다. (그 원숭이 키우는 사람은 원숭이가) '옳다고 한 것을 따랐을(因是)' 뿐이다. 그러므로 성인은 '옳고 그름'으로써 대립을 조화시키고 '자연스러운 가지런함(天鈞)'에 편안해 한다. 이를 일러 '양행(兩行)'이라고 한다.

—《장자, 차이를 횡단하는 즐거운 모험》, 강신주 지음

명분이나 사실에 있어 달라진 것이 없는데도 기뻐하고 화내는 반응을 보인 것도 역시 그 때문이다. 그래서 성인은 모든 시비를 조화시켜 균형된 자연에 몸을 쉬는데, 이것을 일컬어 '자기와 만물 양편에 다 통하는 것'이라 한다.

—《장자》, 김학주 옮김

명칭(表現)도 내용(실질)도 변함이 없는데 기쁨과 노여움이 일게 되었다. 역시 자연 그대로의 커다란 긍정에 몸을 맡기고 있어야 한다. 그러므로 성인은 시비를 조화시키고, 자연의 균형(天鈞)에서 쉰다. 이러한 것을 양행(兩行, 대립된 두 쪽이 다 순조롭게 뻗어 나가는 입장)이라고 한다.

—《장자》, 안동림 역주

하루 동안에 받는 양에는 아무런 변화가 없는데도 기뻐하기도 하고 화를 내기도 하니, 이는 인간들이 시비(是非)를 따지는 마음과 같다. 그러나 성인은 시비를 화합시키고 자연에 순응하며 살아간다.

—《장자, 자연 속에서 찾은 자유의 세계》, 조수형 풀어씀

같은 문장을 이렇게 다르게 해석할 수 있다니! 놀랍지 않은가? 이쯤 되면 정작 장자 선생이 우리한테 하려고 했던 이야기들이 뭔지 정확히 알 수 없게 되어 버린다. 극단적으로 말하면 우리는 2,400년 전 살았던 장자의 글을 오독(誤讀)하면서 '아마 이게 장자가 하고 싶었던 말일 거야'라고 짐작하며 자위할 뿐이다.

영어로는 뭐라고 번역했을까? 영어 단어만 봐도 머리가 지끈거리는 사람은 다음 문장은 패스Pass.(헉! 이것도 영어!)

There was no change in the reality behind the words, and yet the monkeys responded with joy and anger. Let them, if they want to. So the sage harmonizes with both right and wrong and rests in Heaven the Equalizer. This is called walking two roads.

— 《Chuang Tzu-Basic Writings》, Watson Burton 역

Without adversely affecting either the name or the reality of the amount that he fed them, the keeper acted in accordance with the feelings of the monkeys. He too recognized the mutual dependence of "this" and "that." Consequently, the sage harmonizes the right and wrong of things and rest at the center of the celestial potter's wheel. This is called "dual procession."

— 《Wandering on the Way:
Early Taoist and Parables of Chuang Tzu》, Victor Mair 역

17 송나라 모자 장수

송나라 사람이 예식 때 쓰는 모자를 월나라에 팔러 갔다.

그러나 월나라 사람들은 모두 머리를 짧게 깎고 문신을 하기 때문에 그 모자가 필요 없었다. 〈소요유〉

이 짧은 이야기 속에는 많은 은유가 숨어 있다. 대체로 역 사 속의 위대한 성인들은 은유로 이야기하길 좋아했다. 앞 서 이야기한 부처님과 가섭의 경우도 그렇다. "진리가 무엇입니까?"라고 물었을 때 부처는 "이렇고 저렇고 한 것이 진 리다. 외워라."라고 하지 않았다. 말없이 연꽃을 들어 올림으로써 '진리는 연꽃이다.'라고 은유한 것이다. 예수님은 어떻고? 요한복음 6장에 이런 말이 있다.

나는 하늘에서 내려온 살아있는 떡이니 예수께서 이르시되 내가 진실로 진실로 너희에게 이르노니 인자의 피를 마시지 아니하면 너희 속에 생명이 없느니라 내 살을 먹고 내 피를 마시는 자는 영생을 가졌고 마지막 날에 내가 그를 다시 살리리니 내 살은 참된 양식이요 내 피는 참된 음료로다.

저 말을 은유로 받아들이지 않으면, 예수를 믿는 사람들은 모두 식인종이 되어 그분의 살을 먹고 뱀파이어가 되어 그분의 피를 마셔야 한다! 예수는 탁월한 은유의 달인이었다. '나는 선한 목자다.' '나는 참 포도나무다.' '천국은 보물이 묻혀 있는 밭이다.' '하나님의 나라는 겨자씨와도 같다.' 마지막은 직유이고, 나머지는 모두 비유법이다.

예수는 직설법을 경계했다. "천국이란 게 이러이러하게 생겼다. 너희들이 이런이런 일을 하면 천국에 갈 수 있다."라는 말을 하지 않았다. 제자들과 사람들이 알아듣기 쉽게 비유를 들어 설명했다.

그럼, 《장자》의 송나라 모자 장수 이야기가 비유하는 것은 뭘까? 《장자》에는 유난히 송 宋나라 사람 이야기가 많이 나온다. 앞서 '손이 트지 않는 연고'를 발명한 사람도 송나라 사람인데 죽 쒀서 남 주는 캐릭터였다.

춘추 전국 시대(BC. 770~BC. 403)는 주周나라(BC. 1046~ BC. 256)를 천자로 받드는 수많은 봉건국가들이 서로 치고받았던 시대다. 원래는 주나라의 강력한 권한 아래 봉건국가들이 천자를 모시는 관계였다. 그러나 기원전 770년경 서쪽의 융족이 침입한 이래 주나라의 힘은 약해지고 봉건국가들의 힘이 더 강해지게 됐다. 각 봉건국가는 주변 나라를 힘으로 제압하고 중원의 패권을 차지하기 위해 하루가 멀다 하고 전쟁과 분쟁을 일으켰다.

주나라를 처음 건국한 주무왕은 공을 세운 신하나 왕족들에게 중국의 각 지역을 떼어주고 다스리게 했다. 주나라 이전의 나라는 상나라(=은나라의 다른 이름)다. 주무왕이 상나라 마지막 왕인 주왕紂王을 물리치고 주왕의 형인 미자계에게 준 땅이 송나라다. 폭군인 주왕은 죽었지만, 대대로 이어온 상나라 조상에 대한 제사를 끊지 말고 지내라고 인심을 쓴 것이다.

그런데 이 송나라 사람들은 당시의 역사나 이야기 속에 멍청한 캐릭터로 등장한다. 《한비자》에 보면 수주대토守株待兎라는 고사성어가 있다. 송나라 사람이 밭을 갈고 있었는데, 토끼 한 마리가 와서 나무에 부딪혔다. 공짜로 토끼 고기를 먹게 된 그 사람은 다음날부터 농사를 짓지 않고 나무 옆에서 토끼가 와 부딪히기를 기다렸다.

또 《십팔사략》에는 송나라 임금 양공이 초나라와 싸울 때, 초나라 군사가 강을 건너 와 전열을 가다듬을 때까지 기다린 이야기가 나온다. 충분히 먼저 공격해서 승리할 수 있었는데도 지나치게 예의를 차리다가, 결국 송양공은 이 전쟁에서 패하고 부상까지 입는다. 이때 생긴 고사가 송양 지인宋襄之仁이다. 자기 분수도 모르고 너그러움을 베푼다는 뜻이다.

송나라 사람들은 왜 시대의 바보로 여겨졌을까? 송나라는 상나라의 후예들이 건국한 나라답게 옛 상나라의 전통을 지키며 살았다. 그런데 새 나라를 건국한 주나라 사람들이 보기에 그게 참 우스워 보였다. 주나라를 비롯한 다른 모든 봉건국가(결국 주나라 왕실의 후예들이나 친親 주나라 파들이 세운 나라) 주민들은 송나라 사람들을 대놓고 깔봤다. 《서경》 〈주서 周書〉에 보면 이런 말이 있다.

"(주무왕의 아버지인) 주문왕께서 상나라의 관리셨을 때 이렇게 말씀하셨다. '우리 백성들이 크게 어지러워져 덕을 잃고 술을 너무 좋아하여 하늘이 벌을 내리셨소. 아무 때나 술을 마셔선 안 되오. 제사를 지낼 때만 술을 마셔야 하오.'라고.

역사는 승자의 몫이다. 주나라 사람들은 상나라를 멸망시킨 다음에 이런 말을 퍼뜨린다. '상나라가 망한 것은 폭군 주왕과 그 왕을 닮아 술 마시기 좋아하고 놀기 좋아하고 방탕한 짓을 일삼은 백성들 때문이다.' 왜? 그래야 주나라가 상나라를 멸망시킨 것이 정당화되기 때문이다. 그 상나라의 후손들이 모여살았던 나라가 바로 송나라다. 뒷담화의 소재가 되어 씹히기(!)에 딱 좋은 케이스 아닌가?

장자 역시 송나라 사람이다. 저 위의 본문을 보면 송나라 모자 장수 이야기가 나온다. 모자 장수는 예식 때 쓰는 모자인 장보관章甫冠을 잔뜩 사가지고 월나라로 팔러 간다. 그런데 월나라 사람들은 짧은 머리에 몸에 문신을 하고(단발문 신斷髮文身) 살고 있어서 모자가 필요 없다. 하물며 '예식 때 쓰는 모자'라니! 이때는 중원에 사는 사람들이 오나라와 월나라 사람들을 오랑캐 취급했다. 예의범절을 모르고 야만적 습관에 젖어 사는 자들에게 어찌 예식모자 따위가 필요하겠는가?

여기서 모자 장수는 장자 자신을 은유한다. 월나라 사람들은, 장자의 사상을 이해 못하는 당시의 모든 사람을 뜻한다. 장자는 자기만의 높은 뜻을 사람들에게 알리려고 애쓰지만, 사람들은 "그런 사상은 필요 없다."고 말한다. 머리 짧은 월나라 사람들에게 모자가 필요 없듯이, 예식을 중요하게 여기지 않는 사람들에게 유생들이 쓰는 장보관이 소용없듯이, 하루하루 먹고살기 바쁜 사람들에게 장자의 외침은 쓸모없었다. 장자는 철저히 무시당하고 외면당했다.

장자가 책을 남긴 것은 무척이나 다행한 일이다. 수많은 세월이 흐른 뒤에도 그의 책을 읽고 그를 이해하려는 사람들이 있으니 말이다. 월나라 사람들처럼 그 당시 사람들은 장자가 팔고자 했던 모자의 가치를 몰랐다. 오랜 세월이 지난 지금은 지구상의 많은 사람들이 감사해 하며 장자의 모자를 쓰고 다닌다. 진리가 그 모습을 드러내려면 때로 오랜 시간이 필요하다.

18 수레 앞의 사마귀

　노나라의 현명한 사람 안합이 양나라 태자의 보좌관으로 뽑혀 가게 되었을 때, 양나라 대부 거백옥에게 물었다.

　"여기 한 사람이 있습니다. 변덕이 심하고 난폭한 사람입니다. 다른 이의 잘못을 구분할 정도는 되지만 왜 그 사람이 잘못하는지는 모릅니다. 그를 따라 무도한 짓을 하려니 나라가 위태로울 것 같고, 그에게 올바른 일을 하게 하려니 저 자신이 위태로울 것 같습니다. 이런 사람을 어떻게 대해야 할까요?"

　거백옥은 곧 태자에 대한 질문인 것을 알고 답했다.

　"좋은 질문입니다. 호랑이 길들이는 사람을 본 적이 있습니까? 그는 호랑이에게 살아 있는 먹이를 주지 않습니다. 호랑이가 먹이를 죽이려다 과하게 노할까 봐서입니다. 그는 오직 호랑이가 언제 배고픈지를 잘 살펴 호랑이를 자극하지 않고 길들입니다.

　말馬을 사랑하는 사람은 광주리로 말똥 받기를 주저하지 않고 큰 조개로 오줌 받기를 마다하지 않습니다. 그러나 등에가 말 등에 앉아 있을 때 갑자기 내리치면 말은 놀라 주인을 향해 뒷발질을 합니다. 그 사랑은 지극하지만 행동에 잘못이 있기 때문이지요.

사마귀를 보지 못했습니까? 화가 나 앞발을 치켜들고 수레에 맞서지 않습니까? 제 힘이 센 줄 알기 때문입니다. 당신이 아무리 실력이 있어도 스스로 자랑만 하고 태자를 치켜세워 줄 줄 모르면 오래 가지 못합니다. 그가 아이처럼 굴면 당신도 아이가 되십시오. 그와 통하여 허물없는 지경이 되고 나서 그를 이끌어야 합니다. 부디 조심하고 또 잘 살피시길 바랍니다."

안합은 그 말을 가슴에 새겼다. 〈인간세〉

여기에서 나온 말이 당랑거철螳螂拒轍(사마귀 당, 사마귀 랑, 막을 거, 바퀴자국 철)이다. '제 분수를 모르고 상대에 맞서다'는 뜻이다. 거백옥은 안합이 뛰어난 사람이라는 것을 알고 있었다. 그는 윗사람이 좀 부족하더라도 절대 자만하지 말고 겸손할 것과 마음을 열고 다가갈 것을 충고한다. 자기 실력만 믿고 오만하게 굴다간 당랑거철 꼴이 된다는 것이다.

《장자》의 또 다른 곳에 자만을 경계하는 내용이 있다. 오나라 왕의 친구 중에 안불의라는 사람이 있었다. 안불의는

가문 좋고 머리 좋은 사람인데다 늘 왕과 어울려 지냈기에 오만방자했다.

하루는 오나라 왕이 안불의와 함께 강을 타고 가다 원숭이들이 많이 사는 산으로 올라갔다. 원숭이들은 오나라 왕을 보고 놀라서 모든 것을 버리고 달아나 깊은 숲에 숨었다. 오직 한 마리의 원숭이만이 나뭇가지에 매달려 열매를 던지기도 하면서 왕에게 재주를 자랑했다. 왕이 그놈을 활로 쏘니 원숭이는 그 화살을 재빠르게 잡아 보였다. 오 왕은 시종들에게 동시에 활을 쏘라고 명령했다. 원숭이는 온몸에 화살을 맞고 죽었다.

오 왕은 안불의를 돌아보며 말했다.

"저 원숭이는 자기 재주를 자랑하며 오만하게 굴다가 저 지경이 되었네."

이 말을 듣고 안불의는 불현듯 깨달은 게 있었다. 그는 그때부터 잘난 체하는 버릇을 버리고 쾌락을 금하며 오나라 현인 동오를 스승으로 삼아 스스로 삼갔다. 그렇게 3년이 지나자 오나라 사람들이 모두 그를 칭송했다. 〈서무귀〉

지난 여름, 나는 제자들과 함께 경기도 양평으로 MT를 떠났다. 테라스에 숯불을 태우고 바비큐 파티를 했다. 어디선가 날아온 사마귀 한 마리가 테라스 난간에 앉아 있었다. 그 녀석 앞으로 손을 슬쩍 들어 올리니 사마귀는 두 다리를 번쩍 들고 내게 대항할 자세를 갖추었다. 한번 붙어 보자는 것 같았다. 내가 손을 내리면 저도 다리를 내리고, 내가 손을 올리면 다시 두 다리를 번쩍 드는 것이었다.

그 모습을 보고 제자들이 깔깔거렸다. 아하, 이래서 당랑거철이란 말이 생겼구나. 사마귀는 수레바퀴가 무서운 줄 모르고 두 다리를 들고 달려든다. 바퀴가 지나가면 찍소리도 못 내고 깔려버릴 녀석이, 손바닥 한 번 내리치면 납작해질 벌레가 감히 맞붙자고 덤비는 모습을 보라. 저 위 본문에 나오는, 나무에 매달려 까부는 원숭이와 똑같지 않나?

자기 재주만 믿고 까부는 사람 역시 위에서 예로 든 사마귀나 원숭이 같은 존재다. 사마귀는 수레바퀴를 보지 못하고 원숭이는 숨겨진 많은 화살들을 보지 못한다. 사람도 다르지 않다. 자만은 시야를 좁게 만든다. 좁은 시야로는 수레바퀴와 화살을 볼 수가 없다.

세상은 수없이 크고 강한 수레바퀴와 숨겨진 화살로 가득하다. 이 얼마나 섬뜩한 사실인가? 수레바퀴와 화살을 피하려면 어떻게 해야 할까? 겸손하게 자신을 낮추고 다른 사람의 말을 경청하는 것 말고 다른 방법이 없다. 청소년기는 겸손을 훈련할 수 있는 좋은 시기다. 이때는 조금만 잘 해도 자신이 세상에서 최고인 줄 안다. 반에서 1등 하면 하버드 대학 갈 것처럼 뻐긴다. 노래 좀 잘 하면 아이돌 스타라도 된 듯 행동한다.

여러분이 뭔가를 잘한다면 한 번쯤 '난 아무것도 아닌걸.' 하고 생각해 보라. 그 생각을 들킬 때, 여러분은 훨씬 멋진 사람이 되어 있을 거다.

19 미녀와 추녀

양자가 송나라에 갔을 때 여관에 묵었다. 여관 주인에게는 첩이 둘 있는데 한 사람은 미녀고 다른 한 사람은 추녀였다. 주인은 추하게 생긴 여자를 예뻐하고 아름답게 생긴 여자를 천대했다. 양자가 그 까닭을 물으니 여관 주인이 말했다.

"저 미인은 스스로 잘났다고 자랑하여 잘난 줄을 모르겠는데, 저 추녀는 스스로 못났다고 여겨 삼가니 오히려 그 못남을 모르겠습니다."

이 말을 듣고 양자가 제자들에게 말했다.

"너희들은 명심하라. 어진 행동을 하면서도 스스로 어진 행동을 한다고 여기지 않으면 어디 간들 사랑받지 않겠느냐?" 〈산목〉

노자의 《도덕경》 38장에 이런 말이 있다.

"훌륭한 덕의 사람은

자기의 덕을 의식하지 않습니다.

그러기에 정말로 덕이 있는 사람입니다.

훌륭하지 못한 덕의 사람은

자기의 덕을 의식합니다.

그러기에 정말로 덕이 없는 사람입니다." (오강남)

장자가 말한 미인은 자기의 미를 의식했기에 덕이 없는 사람이 되었고, 추녀는 자신의 겸손을 의식하지 않았기에 덕이 있는 사람이 되었다. 만약 노자와 장자가 한시대에 살았다면 어땠을까? 아마도 이런 풍경이 펼쳐질 것 같다.

노자 스쿨에 학생들이 모이자 노자 선생님이 나와서 말씀하신다.

"上德不德 是以有德 상덕부덕 시이유덕

下德不失德 是以无德 하덕부실덕 시이무덕!" 《노자》 38장의 원문

그리고 휙 나가 버린다. 이게 도대체 무슨 말이야? 제자들은 수군거린다. 그중 한 사람이 노자 스쿨의 장학생이자

수석 입학생인 장자에게 묻는다.

"선생님이 지금 뭐라고 하신 거래유?"

장자가 재미있는 이야기로 노자 선생님의 말씀을 풀어 준다.

"양자가 송나라에 갔을 때 여관에 묵었는데요, 거기 미녀
와 추녀가 있었대요……."

장자의 이야기가 끝나자 학생들이 무릎을 치며 감탄한다.

"아하! 그게 그런 거였구나! 앞으로는 잘난 척하지 말아
야겠다."

노장 사상이란 게 있다면, 노자는 이론을 세웠고 장자는
실례를 들어 완성했다. 노자가 뼈라면, 장자는 살과 피라고
나 할까? 현대의 철학자들 중 어떤 이들은 굳이 '장자는 노
자와 하나로 묶을 수 없다.'고 주장하지만《장자》를 읽다 보
면 자꾸 노자의 얼굴이 떠오르는 것을 부인할 수 없다.

사마천은《사기열전》에서 장자에 대해 이렇게 말했다.

그 학문의 요체는 노자의 학설로 돌아간다. 십만여 자에 이르는
그의 책은 대부분 우화로 이루어져 있다. 그는 〈어부 漁夫〉, 〈도척盜
蹠〉, 〈거협胠篋〉편을 지어서 공자 무리를 비판하고 노자의 가르침을

밝혔다. (김원중)

　사마천은 기원전 145년에 태어나 기원전 90년에 죽었다. 장자와 약 200년 차이 나는 시대인 한나라 때 사람이다. 장자가 살았던 전국 시대 다음에 기원전 221년 진나라가 들어섰다가 15년 만에 망하고 바로 유방의 한나라가 들어선다. 전국 시대와 한나라 시대는 그만큼 가깝다. 장자 시대와 사마천 시대의 차이 200년은 지금 우리가 생각하는 200년만큼 그리 길지 않다. 우리가 1960년대를 생각하는 정도랄까?

　사마천은 철저한 고증과 취재를 통해《사기》를 썼다. 물론 그 내용의 일부는 사마천의 문학적 상상력에 의해 쓰였다. 문학적 상상력으로 썼다는 말은 사마천이 지어낸 이야기란 뜻이다. 다만 사실에 근거해서 사실과 사실 사이, 기록과 기록 사이의 비어 있는 곳을 사마천이 '이러이러하지 않았을까.' 하는 확신 어린 문체로 채워 넣었다는 거다.

　역사적 사실을 기록하는 데 자신의 명예와 존재 이유를 바친 사마천이라는 인물의 성격과 사서 작성자로서 그가 유지했던 냉철함에 비추어 보면 '장자는 노자의 가르침을 밝했다.'는 설이 사마천 생존 당시에도 유력하게 인정되었던 것 같다.

맹자가 공자의 정신적 제자이지만 맹자는 맹자이고, 공자는 공자다. 《맹자》와 《논어》는 별개의 책이다. 장자와 노자도 마찬가지다. 장자-노자가 무관하다는 설은 그 정도 선에서 이해하면 좋겠다. 사실 노자와 장자가 같은 철학을 가졌는가 아닌가 하는 것은 그리 중요하지 않다. 장자의 스토리텔링 덕분에 노자의 가르침이 살아 숨 쉬는 유물이 되었다는 것. 그게 핵심이다.

다시 미녀와 추녀 이야기로 돌아가 보자. 바로 앞 장의 사마귀, 원숭이 이야기와 일맥상통한다. 쉽게 말하면 자신의 장점을 드러내는 사람은 드러내는 만큼 애정을 잃게 되고 자신의 단점을 부끄러워하는 사람은 부끄러워하는 만큼 존경을 얻게 된다는 뜻이다. 겸손의 계단에는 끝이 없다. 내려가고 내려가고 또 내려가라.

20 최고의 한 순간

　　남곽자기가 책상에 기대앉아 하늘을 쳐다보며 긴 한숨을 쉬었다. 멍하니 허공을 바라보는 모습이 정신을 잃은 것 같았다. 제자인 안성자유가 물었다.

　　"무슨 일이 있으신가요?"

　　남곽자기가 말했다.

　　"나는 나를 잃어버렸다."

　　"무슨 말씀이신지……."

　　"너는 사람이 부는 퉁소 소리를 들어 보았느냐?"

　　"……네."

　　"그러나 땅이 부는 퉁소 소리는 들어보지 못했겠지? 설령 땅이 부는 퉁소 소리를 들어 봤다 해도 하늘의 퉁소 소리는 아직 듣지 못했을 거다."

　　"한 수 가르쳐 주십시오."

　　"자유야. 잘 들어라. 땅이 내쉬는 숨소리를 바람이라고 하지. 너도 들어 봤겠지? 아름드리 큰 나무의 구멍들이 코처럼 입처럼 귀처럼 술잔처럼 절구처럼 웅덩이처럼 되어 콸콸 물 흐르는 소리, 쌩쌩 화살이 나는 소리, 나직이 꾸짖는 소리, 가늘게 숨 쉬는 소리, 재잘거리는 새소리, 외치는 소리, 울부짖는 소리, 흐느끼는 소리를 내는 것을. 그게 다 바람이 불어서 나는 소리 아니니? 이 구멍들은 산들바람에는 가볍게 호응하고 거친 바람에는 거세게 대응하지. 그러다 태풍이 멎으면 모든 구멍이 고요해지지.

너는 보았겠지? 나무가 바람 때문에 크게 흔들리기도 하고, 가볍게 흔들리기도 하는 것을."

"아……, 땅이 부는 퉁소 소리란 결국 여러 구멍에서 나는 소리군요. 사람이 부는 퉁소 소리는 대나무 피리에서 나는 것이고. 그럼 하늘이 내는 퉁소 소리라는 건 뭘까요?"

"그러게, 그게 뭘까?"

"……"

"누가 그 퉁소 소리를 내는 걸까?"

"……" 〈제물론〉

《장자》가 이 시대에 태어났다면 아마도 스티븐 스필버그 뺨치는 영화감독이 되었을 거다. 앞 원문은 《장자》를 통틀어 최고의 명장면 중 하나다. 왜? 일단 이 이야기에 대한 기존 학자들의 의견을 적는다. 원문에는 "금자오상아今者吾喪我(나는 지금 나를 잃어버렸다, Just now, I lost myself)"라고 되어 있는데 이 '오상아'라는 개념이《장자》에서 매우 중요하다.

서진 시대 학자 곽상은《장자주 莊子注》란 책에 이 대목에 대해 이렇게 썼다.

내가 나를 잊는다 함은 나 스스로를 잊는 것이다. 나 스스로를 잊으면 천하에 무엇을 알 만한 것이 있으랴. 그러므로 모든 내외를 잊은 뒤에야 초연히 다 함께 얻게 된다. (안동림)

나를 잃거나 혹은 잊어야 깨달음의 경지에 오를 수 있다는 거다.《장자》를 해석한 대부분의 번역가들이 이 '오상아'에 높은 점수를 주고 있다. 그러나…… 나는 좀 생각이 다르다. 오상아라는 철학적 개념보다는, 이야기를 만들어 나가는 장자의 재치에 더 높은 점수를 주고 싶다. 앞의 장면을 퓨전 스타일로 재구성하면 이렇다.

주연: 남곽자기 (초나라의 현자)

조연: 안성자유 (남곽자기의 제자)

감독: 장자 (천재적인 작가이자 감독)

남곽자기가 유체이탈한 채 앉아 있다. 제자인 안성자유가 다가와 묻는다.

"선생님 괜찮으세요?"

남곽자기가 말한다.

"아무 생각 없다. 그런데 너는 땅이 내는 퉁소 소리를 들어 봤니?"

"네?"

"숲에 들어가면 바람이 불잖아. 그 바람과 숲속 나무들의 온갖 구멍이 부딪히며 내는 소리, 그건 마치 싸이의 노래 같기도 하고 조용필의 노래 같기도 하고 또 오케스트라의 협연 같기도 하지."

"아, 그렇죠. 그게 땅이 내는 퉁소 소리죠. 그럼 하늘이 내는 퉁소 소리란 건 뭔가요?"

"그러게 말이다. 그게 뭘까? 누가 그 소리를 내는 걸까?"

남곽자기는 다시 멍해져서 허공을 바라본다. 안성자유도 빈 하늘로 눈을 돌린다.

멋지지 않은가? 영화의 한 장면 같지 않은가? 나만 흥분하는 건가? 상상해 보라. 스승과 제자가 하늘이 내는 퉁소 소리가 무엇인지, 그 소리를 내는 존재가 누구인지 사색하는 모습을. 진리를 탐구하기 위해 자기조차 잊고 몰두하는 그림을. 아, 나는 이 대목을 읽다가 온몸이 떨렸다. 장자가 존경한 현인이었다는 남곽자기 곁에 서서 나도 그처럼 우주를 움직이고 진리를 주관하는 자가 누구인지, 하늘의 퉁소 소리를 내는 존재가 무엇인지 음미하고 싶었다. 조용히 눈을 감고 마음을 한곳으로 모으면, 그 존재는 내게 퉁소의 한 가락을 들려줄까?

세상의 모든 소리를 태초부터 나게 한 그 존재는 도이기도 하고 신이기도 하고 조물주이기도 하다. 그 이름이 무엇이든 그를 알기 위해서는 오직 자신을 잊어야만 가능한데, 자신을 잊는다는 것은 자신을 잃어야만 가능하다. 자신을 잃기 위해서는 현재 내가 가진 지식과 지위와 사고뿐 아니라 다른 사람과 맺은 관계까지 함께 잃어야 하고, 궁극에는 내가 이 모든 것을 잃었다는 사실까지도 잊어야 한다. 이 경지에 오르려면 지금 이 순간의 영혼과 육체로는 안 된다. 내 혼이 내 육체에서 빠져나가(=오상아!) 지상 10미터쯤에서 내 육체를 내려다봐야 한다. 이때 내 육체는 멍해질 수밖에 없다.

장자는 그의 책에서 이 대목의 마지막을 남곽자기의 물음으로 끝낸다.

"하늘의 퉁소 소리를 내게 하는 건 과연 누구일까?"

멋지다! 보통의 저자들 같으면, '하늘의 퉁소 소리라는 건 이렇고 저렇고 해서 누가 내는 것인데 그러므로 우리는 이렇게 저렇게 살아야 한다……' 하며 결론을 냈을 것이다. 그런데 장자는 묻고 그만이다. 나머지는 어떻게 하라고? 질문에 대한 대답은 어디서 얻으라고? 장자의 의도는 이런 것 같다. '그건 이 물음을 받아들이는 사람, 바로 이 책을 읽는 당신이 알아서 하시오.'

한 철학자는 장자가 던진 이 화두에 대해 깊이 고민하고 다음과 같은 결론을 얻었다.

장자는 바람과 구멍을 통해 과연 무엇을 말하려고 했던 것일까? 그리고 또 이 둘 사이의 마주침이란 사건은 무슨 의미가 있는가? 빈 하늘에 울려 퍼지는 다양한 바람 소리들,

그것은 바람과 구멍, 그리고 마주침이란 사태가 없었다면 존재할 수 없던 것들이었다. 어떤 바람과도 마주치지 못하는 구멍 혹은 공허하게 허공만을 가로지르는 바람, 그들 사이에 마주침이란 사건이 없었다면, 이 세상은 거의 존재하지 않는 공백과도 같았을 것이다. (강신주)

21 지혜의 지극한 경치

큰 지혜는 느긋하고

작은 지혜는 좀스럽다.

큰말은 담담하고

작은말은 시끄럽다.

우리는 왜 작은 두려움에 기가 죽고

큰 두려움 속에 정신을 잃는가?

기쁨과 노여움, 슬픔과 즐거움, 근심과 후회,

변덕과 고집 이 모든 것들이 우리 몸에서 나오는 것이다.

우리 마음이 수시로 변하니 어째서인가?

이 모든 것을 좌우하는 것은 무엇인가?

우리 삶은 달리는 말과 같다. 죽을 때까지 일해도

보람이 없고 일에 쫓겨 바쁘게 지내다 지쳐버린다.

애처롭지 않은가? 사람의 삶이란 원래 이렇게 엉망진창인가?

〈제물론〉

이 대목은 남곽자기가 안성자유의 질문에 대해 답한 것이라고 해석하기도 한다. 그러나 나는 그냥 남곽자기와 안성자유가 20장에서 그랬던 것처럼 대답하지 않고 하늘만 쳐다봤으면 좋겠다. 그게 더 쿨하다.

이 내용은 심각하고 비관적이다. 장자가 가진 특징의 하나가 유머인데, 여기에선 장자가 슬픔에 빠져버린 것 같다. 지금으로부터 2,400년 전 장자가 살았던 시대에도 사람들은 바빴나 보다. '달리는 말처럼 일에 쫓겨 바쁘게 지낸다.'고 한탄하는 것을 보니. 인터넷도 없고 국제선 비행기도 없고 우주왕복선도 없었던 시절인데 뭐가 그리 바빴을까?

여러분이나 나는 21세기에 살고 있다. 시간을 분 단위로 쪼개 산다. 나는 얼마 전에 충청남도 당진의 한 초등학교 4학년 학생들에게 '내 친구'라는 제목으로 글을 쓰게 한 적이 있다. 그중 어떤 여자 아이가 다음과 같이 글을 썼다.

나는 친구가 많습니다. 학교에 가면 정근이와 효정이, 현지, 기남이가 있습니다. 학원에는 의찬이, 기창이, 건욱이, 채연이가 있습니다. 나는 친구들과 재미있게 놀고 싶습니다. 하지만 아침에 일어나서 학교에 가자마자 할 일이 많습니다. 쉬는 시간에도 다음 시간 준비를 해야 합니다. 영어 단어를 외우고 미술 숙제를 하는 것입니다. 점심 먹고 한 10분 노는 게 전부입니다.

학교가 끝나면 피아노 학원에 갔다가 미술학원에 갔다가 검도학원까지 들렀다 밤 10시에 집에 옵니다. 집에 오면 지쳐서 잠을 잡니다. 나는 친구들과 놀고 싶지만 바빠서 놀 시간이 없습니다.

불쌍하지 않은가? 벌써 저렇게 힘든 나날을 살아가다니. 여러분도 아마 마찬가지일 거다. 스케줄이 바빠서 친구들과 제대로 놀 시간이 없겠지. 아침에 일어나 부리나케 아침을 먹고 학교에 갔다가 학교가 끝나면 학원을 돌며 열심히 공부하겠지. 우리나라의 청소년들은 세계의 청소년 중 잠을 가장 적게 자고, 세계에서 손꼽을 정도로 공부를 많이 한다. 며칠 전 신문을 보니 남아프리카 공화국 학생들은 10시간씩 잔다고 한다. 그곳의 초등학생은 오후 8시, 고3 학생도 무조건 오후 10시엔 잠자리에 든단다. 학교에서는 대부분의 시간을 스포츠 활동으로 보내는데 승마, 축구, 수영 등 다양한 체육을 한다나. 도대체 공부는 언제 하는 걸까?

한국의 어른들 역시 바쁘게 산다. 달리는 말처럼 일에 쫓기는 정도가 아니라 과속하는 KTX처럼 살아간다. 무엇을 위해 바쁜 거지, 바빠서 이루려는 게 뭔지, 어디로 가고 있는지도 잘 모른 채 우리 모두는 죽을 때까지 이렇게 지쳐 하며 살아간다. 장자의 말대로 사람의 삶이란 원래 이렇게 애처롭고 엉망진창인 것일까?

만약 장자가 이렇게 한탄만 했다면 우린 장자를 좋아하지 않았을 거다. 어느 누구도 징징거리며 우는 소리 하는 사람을 달가워하지 않는다. 장자는 그 다음 장에서 바로 우리를 위로하며 이렇게 말한다.

우리 마음이 굳어져서 우리가 스승을 섬기듯 그 굳은 마음을 따른다면 세상에 스승 없는 사람이 어디 있겠는가? 똑똑한 사람은 물론이고 개나 소나 다 스승이 있다고 하겠지.

마음은 원래 변덕스러운 것. 그러니 그런 변덕스런 마음으로 뭐가 옳고 뭐가 그르다 하는 것은 말이 안 된다. 얼마나 말이 안 되느냐고? 그건 마치 오늘 월나라를 향해 떠난 사람이 어제 그곳에도 착했다고 말하는 것과 같은 것이지. 있을 수 없는 일을 있을 수 있다고 우기는 거나 마찬가지야. 하하하.

오호, 저 순발력. 역시 장자 선생님은 우리를 실망시키지 않으십니다그려. 그런데…… 듣고 보니 이런 생각이 드는 건 어쩔 수 없네요. 구만 리를 날아가는 붕새와 바람을 타고 날아가는 열자 이야기 있잖아요. '있을 수 없는 일을 있을 수 있다고 우기기'는 장자 선생님이 먼저 시작하신 거 아닌가요? 하하하.

22 장자 읽기의 또 다른 매력

앞서 소개한 남곽자기와 안성자유의 대화와 그 이후에 등장하는 제물론의 글들은 동양 고전의 명문으로 꼽힌다. 의성어와 의태어의 교묘한 조합 때문이다. 남송의 왕안중이란 사람은 이 대목을 읽고 "책을 덮고 앉았어도, 윙윙거리는 소리가 귓전으로 밀려듦을 느끼게 한다."고 평했단다.

남곽자기의 말을 들어 보자.

"(나무 구멍들이) 코처럼 입처럼 귀처럼 술잔처럼 절구처럼 웅덩이처럼 되어 콸콸 물 흐르는 소리, 쌩쌩 화살이 나는 소리, 나직이 꾸짖는 소리, 가늘게 숨 쉬는 소리, 재잘거리는 새소리, 외치는 소리, 울부짖는 소리, 흐느끼는 소리를 내는 것을. 그게 다 바람이 불어서 나는 소리 아니니? 이 구멍들은 산들바람에는 가볍게 호응하고 거친 바람에는 거세게 대응하지."(문장의 원활한 흐름을 위해 생략한 부분도 있다.)

이 문장을 우리말 발음만 떼어내 써 보자.

사비 사구 사이 사계 사권 사구 사와자 사오자
격자 효자 질자 흡자 규자 호자 요자 교자
영풍즉소화 표풍즉대화
이독불견 지조조 지조조호

번역한 부분을 읽고 나서 소리 내서 위 문장을 읽어 보
자. 원래 발음과 한자를 모른다 해도, 우리말 발음만으로도
생동감이 넘치지 않은가? 중국인들은 반복되는 음운과 리듬
이 배치된 위 문장을 소리 내어 읽으면서 책 읽기의 또 다른
즐거움을 느꼈을 것이다.

우리는 대부분 책을 조용히 읽는다. 묵독默讀이라고 해서
눈으로만 읽는다. 사실 고대 중국 사람들은 책을 눈으로 읽
지 않았다. 목과 혀와 이와 입술로 읽었다. 크게 소리를 내가
면서. 그것도 여럿이 모여 선생님의 지휘 아래 합창으로 읽
었다. 우리 선조들도 마찬가지였다. 서당에 모여서 종종 책
읽기 오케스트라 공연을 벌이곤 했다.

자왈, 학이시습지면 불역열호아~~~.

유붕이 자원방래면 불역락호아~~~.

인부지 이불온이면 불역군자호아~~~.

이를 테면 《논어》의 첫 문장 첫 줄은 포르테(강하게)로, 두 번 째 줄은 피아노(약하게)로, 마지막 줄은 포르티 시모(매우 강하게)로 읊었다는 거다. 얼마나 재미있었을까? 이렇게 합창하다 보면 뜻은 저절로 머리에 남고 글도 자연스럽게 외워진다.

〈제물론〉의 다음 부분을 보자.

1. 큰 지혜는 느긋하고

작은 지혜는 좀스럽다.

큰말은 담담하고

작은말은 시끄럽다.

한문 원문은 다음과 같다.(이하 같은 구조)

大知 閑閑 小知 閒閒

대지 한한 소지 간간

大言 炎炎 小言 詹詹

대언 담담 소언 첨첨

2. 보편적인 것이란 쓸모 있음을 말한다.

   쓸모 있음이란 통함이고

   통함이란 즐김이다. (오강남)

   庸也者 用也 用也者 通也 通也者 得也

   용야자 용야 용야자 통야 통야자 득야

3. 상대가 그르다고 하는 것을 옳다고 하고

   상대가 옳다 하는 것을 그르다고 한다.

   상대가 그르다고 하는 것을 옳다고 하고 싶고,

   상대가 옳다고 하는 것을 그르다고 하고 싶겠지만

   도에 따라서 밝히는 것보다 좋은 것이 없다.

   以是其所非 而非其所是

   이시기소비 이비기소시

欲是其所非 而非其所是 則莫若以明

욕시기소비 이비기소시 즉막약이명

23 이 것 저 것 그 것 요 것

세상 만물은 모두 저것이 아닌 것이 없고

또한 동시에 이것이 아닌 것이 없다.

상대방이 이쪽을 보는 것은 모르고

자기가 보는 것만 알고 있다.

그래서 말하기를

저것은 이것에서 나오고

이것 또한 저것에서 생긴다고 하는 것이다.

저것과 이것이라는 것은 그러므로 나란히 함께 생기는 것이다.

삶이 있으면 죽음이 있고 죽음이 있기에 삶이 있는 것처럼.

이것은 저것이요,

저것 또한 이것이니

과연 저것과 이것은 있는 것인가?

과연 저것과 이것은 없는 것인가? 〈제물론〉

말장난 같은 이 물음은 장자 철학의 매우 중요한 아이디어를 담고 있다. 먼저 생각해 보자. 철학이란 무엇인가? 철학은 원래 '지혜를 사랑하는 학문'이라고 알려져 있다. 지혜란 무엇인가? 《표준국어대사전》에 의하면, 지혜란 '사물의 이치를 빨리 깨닫고 사물을 정확하게 처리하는 정신적 능력'이다. 결국 철학은 이 세상을 이루는 사물의 이치를 잘 알고 그 사물들에 대해 우리가 해야 할 일들을 잘하는 것에 대한 학문이다.

그런데 이 세상의 사물의 이치가 어떤 것인가? 그것을 한마디로 말할 수 있을까? 누군가 그걸 한마디로 말했다 치자. 그럼 우리는 그걸 단번에 알아들을 수 있을까? 불가능하다. 사물의 이치를 아는 것도 어려울 뿐더러, 어떤 현자나 성인이 사물의 이치를 알았다 해도 그가 하는 말을 우리가 이해하기 힘들어서다.

자칫 잘못하면 '세상은 이렇게 되어 있다' '진리는 이런 것이다' '우리는 이렇게 살아야 한다'라는 온갖 주장을 덮어 놓고 믿어버리는 실수를 하게 된다. 철학이란 이런 오류에 빠지지 않도록 우리를 이끌어주는 도구다.

프랑스의 작가 빅토르 위고가 처음 《레미제라블》을 냈을 때, 이 책이 잘 팔리는지 궁금해서 출판사에 "?"라는 부호 하나로 편지를 보냈다. 출판사에서는 "!"라고 답을 했다지. 책이 아주 잘 나간다는 뜻이었다. 여기에 빗대어 철학을 말해보자.

철학이란 세상 사람들이 모두 "!"라고 할 때도 "?"라고 들이대는 학문이다.

장자는 이 정의에 가장 충실한 철학자였다. 장자는 자신의 책을 통해 유가나 묵가의 이론가들을 비판했다. 왜 그랬을까? 공자로 대표되는 유가는 기존 질서와 예에 대한 복잡한 절차를 옹호했다. 이에 대해 묵자는 〈비악〉〈비명〉편 같은 글을 써서 공자의 가르침을 일일이 반박했다.

"유학자들은 가까운 사람의 상은 길게 치르고 그렇지 않은 사람의 상은 짧게 치르라는데, 이건 간사한 것이다. 또 운명이 정해져 있다고 하는데 그럼 힘들여 노력할 사람이 어디 있겠나. 이 역시 사람들을 해치는 말이다."

유학자들은 이런 말을 하는 묵자를 배척했다. 묵자의 제자들은 다시 유가를 비난하고, 공자의 제자들은 또 묵가를 이단시하고……. 장자는 이런 식의 논쟁은 말장난이라고 봤다. 한쪽에서는 옳다 하고 다른 쪽에선 그르다 하고……. 서로 잘난 척하는 게 쓸데없는 일이라는 거다.

장자가 보기에 공자나 묵자나 세상의 이치에 대해 "!"라고만 말하는 사람들이었다. 장자는? 공자나 묵자에게 이렇게 되묻는다.

"당신들이 말하는 그 느낌표가 정말 느낌표라고 확신하는가?"

장자는 언제까지나 "?"라는 부호를 버리지 못하는 철학자였다. 그래서 앞의 원문 같은 질문을 던진 거다.

이것이 저것이고 저것이 이것인데, 왜 자기만 옳다고 하는가? 이쪽에서 보면 이것이 상대방 쪽에서 보면 저것인 것을, 왜 반대 입장에서 보질 못하는가? 그런데 과연 이것과 저것이 있기나 한 것인가? 혹시 없는 것 아닌가? 아예 처음부터 없는 것을 가지고 이렇다 저렇다 말하는 당신은 누구?

24 아부하지 말 것!

하루는 장자의 친구 조상이 진나라에 사신으로 갔다. 조상은 진나라로 갈 때 수레 몇 대만 타고 갔으나 교섭을 잘 끝마쳐 진나라 임금에게 금은보화를 가득 실은 수레 100대를 받았다. 조상이 돌아오다가 장자의 집에 들러 말했다.

"여보게, 이렇게 지저분한 골목에 누추한 집에 살면서 짚신이나 삼으며 거지처럼 살 건가? 눈은 푹 들어가고 목은 살도 없이 바짝 말라 버린데다 맨날 두통을 앓고 있으니……. 나 같으면 이렇게 못 사네."

장자가 답했다.

"진나라 왕은 병이 나서 의사를 부를 때 종기를 터뜨리고 입으로 고름을 빠는 자에게는 수레 한 대를 주고, 치질을 핥아서 고쳐 주면 수레 다섯 대를 준다고 하더군. 치료하는 부위가 더러울수록 수레를 많이 준다던데, 당신도 그 치질을 고쳐 주셨나? 수레를 많이도 얻어 왔구먼. 어서 갈 길이나 가시게!" 〈열어구〉

장자는 조상이란 사람의 일화를 통해 권력자에 빌붙어
이득을 얻는 자를 신랄하게 비난하고 있다. 이 구절을 읽으
니 《맹자》의 한 부분이 생각난다.

제나라에 부인 둘을 데리고 사는 남자가 있었다. 그는 외출했다
하면 꼭 술과 고기를 실컷 먹은 뒤에 돌아왔다. 첫째 부인이 "누구
와 그렇게 먹고 마시느냐"고 물어 보면 남편은 모두 부유하고 지위
가 높은 사람들의 이름을 댔다.

어느 날 첫째 부인이 둘째 부인에게 이렇게 말했다.

"바깥양반이 외출했다 하면 술과 고기를 실컷 드신 후 돌아오시
는데, 함께 마시고 먹은 사람에 대해 물어보면 모두가 부귀한 분들
이네. 일찍이 우리 집에 그렇게 유명한 사람들이 찾아온 적이 없으
니, 내가 남편을 미행하여 어찌된 일인지 알아보려 하네."

다음날 아침 첫째 부인은 일찍 일어나 남편을 뒤따라가 봤다. 남
편은 도성 안에서 어느 누구와도 이야기를 나누지 않았다. 그는 성
문을 지나 공동묘지에 이르러 제사 지내는 자에게 가서 남은 음식
을 빌어먹고, 모자라면 또 두리번거리다 다른 곳에 가서 얻어먹는
것이었다. 이것이 그가 실컷 먹고 만족하는 방법이었다. 첫째 부인
이 돌아와 둘째 부인에게 전후 사정을 말했다.

"남편이란 우러러 보면서 일생을 함께 살아갈 사람인데 지금 우리 남편의 꼴이 이 모양일세."

두 사람은 처지가 서러워 마당 한가운데 서서 울었다. 잠시 후 남편이 돌아왔으나 그는 아무것도 모르고 여전히 교만하게 굴었다. 〈이루 하〉

위 비유가 전하려는 말은 뭘까? 권력을 가진 자에 빌붙어서 아부하는 대가로 부귀를 누리는 자들은 결국 남의 밥을 빌어먹는 제나라 사람과 같다는 거다. 말하자면 거지다. 집 밖에서는, 즉 자기보다 힘 센 자 앞에서는 온갖 비굴한 방법으로 처신하다가 집에 들어와서는, 즉 자기보다 약한 자 앞에서는 으스대고 빼기고 있더라는……. 권력자와 부자 앞에서는 아양을 떨면서 힘없고 가난한 사람들은 억누르고 있더라는…… 그런 이야기다.

장자는 진나라 임금에게 금은보화를 받고 돌아와서 자랑하는 친구 조상을 따끔하게 호통친다. 그가 자랑하는 물건들도 따지고 보면 진나라 왕에게 잘 보이고 받아 온 것 아니냐, 진나라 왕에게 듣기 좋은 소리만 하고 얻어온 것 아니냐, 아부하고 취한 것 아니냐 하는 이야기다.

권력자 앞에서 허리 굽히고 달콤한 이야기를 늘어놓더니, 이제 자기보다 가난한 친구 장자에게 와서는 "나는 너같이 못 산다."며 큰소리를 치는 것이다. 그렇게 친구가 안돼 보였다면 "이번에 진나라 왕이 선물을 많이 주더군. 자네가 어렵게 살면서 늘 학문을 연구하는 게 내 마음에 걸렸네. 여기 수레 열 대를 놓고 가니 살림에 보태 쓰게."라고 했어야 하는 거 아닌가?

맹자와 장자는 비슷한 시대를 살았던 사람들이다. 지금부터 2,400년 전에도 강한 자 앞에선 한없이 약하고, 약한 자에게는 한없이 강한 척하는 사람들이 있었나 보다. 오늘날도 마찬가지다. 우리 주변에는 조상 같은 사람, 제나라 남자 같은 사람이 너무 많다. 장자 같은 사람이 나타나서 "저리 사라지지 못할까!" 하고 호통치는 모습을 보고 싶다.

25 성인의 경지

구작자가 장오자에게 물었다.

"내가 이런 이야기를 들었소. 성인은 이익을 추구하지 않고, 사람들이 즐기는 것을 좋아하지 않고, 말이 없으면서도 전하는 바가 있고 말을 하면서도 침묵의 중요함을 안다고. 그리하여 먼지 같은 세상 밖에서 노닌다고. 그런데 나의 스승인 공자 선생께서는 맹랑한 소리라고 하더군요. 내가 보기엔 이게 훌륭한 도인 것 같은데, 어떻소?"

장오자가 대답했다.

"이런 말은 황제가 들어도 어리둥절할 텐데 어찌 공자 같은 사람이 알겠소? 하물며 공자의 제자인 그대는 더 모르겠지요. 그대처럼 생각하는 건 성급한 거요. 달걀을 보고 새벽을 알리는 닭 울음소리를 들으려 하고, 화살을 보고 비둘기구이를 생각하는 것과 같소. 성인은 우둔하고 멍청해 보이지만 늘 순수함을 지닌 사람이오."

〈제물론〉

장자는 이 대목에서 구작자와 장오자라는 가상의 인물을 등장시켜서 공자를 비판하고 있다. 구작자瞿鵲子는 겁 많은 까치 선생이란 뜻이고 장오자長梧子는 키다리 오동나무 선생이란 뜻이다. 장자는 자기 책에 나오는 인물들의 이름 하나를 짓는데도 이렇게 기발한 유머 코드를 심어 놨다.

《장자》는 중국 문학사에서도 중요한 책인데, 이처럼 사람의 이름을 우화처럼 비유해서 쓴 최초의 책이기 때문이다.

겁 많은 까치 선생은 공자의 제자다. 이 글에선, 공자도 수준이 낮은 사람이고 그의 제자인 구작자 역시 마찬가지다. 까치처럼 조잘대기만 할 뿐, 진정한 도를 모르는 사람이다. 경망스럽게 "이러이러한 게 도 아닐까요?" 하며 아는 체를 한다.

장오자는 아마도 장자 자신을 뜻하는 것 같다. 그는 대놓고 공자를 비난한다. 본문에 보면 구작자는 공자를 '부자夫子'(=스승)라고 부르는데 장오자는 공자를 '구丘'라고 부른다. 구는 공자의 이름이다. 당시 존경하는 사람의 이름은 함부로 부르지 않았다. 말하자면 "공구 그 친구가 어찌 도를 알겠소?" 하고 말하는 것과 같다.

앞서 말했듯 장자는 공자와 철학이 달랐다. 공자가 말하는 대로 따라하면 인간은 더욱 불행해진다고 생각했다. 장자는 공자를 꽤나 싫어했는지 《장자》에서는 여러 번이나 공자에 대해 비판했다. 공자를 꽤 우스꽝스럽게 그려 놓은 것도 있다.

공자는 유하계의 친구였다. 유하계의 동생은 소문난 도둑으로 이름이 도척이었다. 수천 명의 부하를 거느리고 산 속에 살면서 온갖 못된 짓을 다했다. 공자는 친구를 위해 도척을 설득하러 갔다. 공자가 도척이 있는 대산 남쪽에 도착했을 때 도척은 사람의 간을 회처럼 만들어 먹고 있었다. 공자가 도착하여 자신을 소개하자 도척이 말했다.

"뭐? 남을 속이기 잘하는 공구가 왔다고? 적당히 말을 지어내고 농사도 짓지 않고 천하의 왕들을 혹하게 하는 그 공구 말이지? 함부로 효니 인이니 떠들어 대면서 왕이 써주기만을 기다리는 주제에. 썩 꺼지라고 해!"

공자가 빌며 말했다.

"나는 당신의 형인 유하계의 친구요. 제발 발끝이라도 보게 해 주시오."

도척이 공자를 오라 하여 칼에 손을 대고 말했다.

"어디 떠들어 보시지. 말을 잘하면 살려 주고 아니면 죽을 줄 알아!"

공자가 말했다.

"장군은 용감하고 부하도 많고 똑똑한데 왜 도둑질을 하고 있소? 나아가 세상을 평정하시오."

"어허, 이 친구 보게. 남 앞에서 칭찬을 잘하는 자는 돌아서면 험담을 하는 법이지. 지금은 강한 자가 약한 자를 짓누르고 다수가 소수를 괴롭히는 세상이야. 왕도 세상을 어지럽힐 뿐이지. 그런데 너는 왕을 도와 헛된 소리를 하고 있으니 너야말로 큰 도둑이 아니고 뭐냐! 왜 사람들은 너를 도둑놈이라 부르지 않고 나를 도둑이라 하는 거냐고!"

공자는 도척의 말을 듣고 도망치듯 빠져나와 허둥지둥 노나라로 돌아갔다. 〈도척〉

물론 위의 이야기는 장자가 지어낸 것이다. 그런데…….
여기서 말하는 공자가 실존했던 공자였을까? 장자는 이 우화를 통해서 공자로 대표되는 유학자 전체를 비판한 것이다. 겉만 번지르르하고 말만 앞세우는 그 당시의 선비들에 대한 일침이었다.

공자를 존경하는 사람들로서는 받아들이기 어려운 이야기다. 당연히 유학자들은 장자를 이단으로 본다. 조선 시대 선비들은 공자뿐 아니라, 공자를 해석한 남송 학자 주희까지도 신처럼 모셨다. 그들은 주희를 비판하는 사람들을 '사문난적斯文亂賊'이라고 해서 이교도처럼 여겼다. 사문난적이란 교리를 어지럽히고 주희 사상과 어긋나는 언행을 하는 사람을 뜻한다. 하물며 공자를 비판하는 사람들은 상종을 할 수 없는 존재로 생각했기에 장자에 대해서 공개적으로 배척했다. 연암 박지원 같은 일부 사대부만이 장자에 대한 글을 썼을 뿐이다.

나는 이렇게 상상해 본다. 공자와 장자가 만난다면? 위대한 두 성인 사이에는 아마도 이런 대화가 오고 가리라.

장자: 세상이 하도 어지러워서 제가 공자 형님을 소설 속의 인물로 등장시켰습니다. 아무것도 모르면서 잘난 척하는 선비들 좀 깨달으라고요.

공자: 응, 잘했네. 허허허.

26 찡그리지 마!

서시는 월나라 동쪽 저라산 아래에 사는 농부의 딸이었다. 천사의 모습을 한 듯 아름다운 그녀의 모습은 하늘을 나는 새도 떨어뜨리고 물속의 고기도 놀라게 했다. 마을의 젊은 청년들은 그녀의 모습을 한 번 보고는 모두 가슴이 설레었다.

서시는 속병이 있어 늘 가슴에 손을 얹고 얼굴을 찡그리는 버릇이 있었다. 이웃에 사는 추녀가 서시의 찡그리는 모습을 보고 흉내를 냈는데 그 모습이 차마 볼 수 없을 정도였다. 마을 사람들은 그 꼴을 보기가 괴로워 다른 마을로 이사를 가버렸다. 〈천운〉

나라를 기울게 할 정도로 요사스럽게 아름다운 미인을 경국지색傾國之色이라 한다(11장 여희 참조). 중국 역사에는 한 나라가 망할 때쯤 꼭 이런 미인이 등장한다.

중국 최초의 왕조 국가라는 하 왕조는 기원전 21세기경에 우 임금이 세웠다고 전해진다. 하나라의 마지막 왕은 걸

왕이다. 걸왕은 말희라는 미인에게 빠져 정사를 게을리한 데다 포악무도했다. 걸왕은 기원전 1751년 탕왕에게 패해 추방당했다가 목숨을 잃는다.

탕왕이 세운 은나라를 망하게 한 왕은 주紂왕이다. 주왕은 달기라는 미녀에 빠져 있었다. 달기를 위해 1천 척 높이의 누각을 세워 보물을 채웠고, 사구라는 곳에 정원을 만들어 온갖 짐승을 풀어 놓고 길렀다. 주왕과 달기는 사구에 별궁을 짓고 연못을 팠다. 이곳에 술을 가득 채우고, 주변의 나무에는 고기를 매달아놓은 채 벌거벗은 남녀와 함께 놀았다. 여기에서 주지육림酒池肉林(술 주, 연못 지, 고기 육, 숲 림)이란 말이 나왔다.

주왕과 달기는 포악해서 사람 죽이고 괴롭히는 짓을 좋아했다. 구리로 기둥을 만들고 기름을 바른 다음 활활 타는 숯불 위에 가로로 얹어 놓았다. 죄인을 그 위로 건너가게 해서 끝까지 가면 살려 주었는데, 열이면 열 모두 떨어져 죽고 말았다. 이때 떨어지지 않으려고 발버둥치는 모습을 보며 두 사람은 박수를 치며 좋아했다. 정사를 돌보지 않는 왕과 여인을 백성들이 지지할 리 없었다. 이들 역시 서백 희창의 혁명으로 몰살당한다.

서백 희창은 주나라를 세웠고 주나라는 기원전 1046년에서 기원전 771년까지 중국을 지배했다. 기원전 770년 주유왕의 아들 평왕이 낙양으로 천도하는데, 이후를 동주 시대라고 하고 이전을 서주 시대라고 한다. 서주 말기의 혼란을 상징하는 포사는 '비단을 찢는 소리를 들으면 그제서야 조금 웃는다'는 미녀다. 주유왕은 그녀를 즐겁게 하기 위해 적이 쳐들어왔을 때 연기를 피우는 봉화를 올렸다. 봉화를 보고 장수들이 달려왔으나 도성에는 아무 일이 없었다. 장수들이 땀을 흘리며 허둥대는 모습을 보고 포사는 깔깔거리며 웃었다. 주유왕은 한 여자를 웃게 하기 위해 나라의 안위를 놓고 도박을 벌인 셈이다. 결국 주유왕은 서쪽의 융족이 쳐들어 왔을 때 포사와 함께 죽임을 당한다.

앞의 원문에 등장하는 서시는 오나라를 망하게 한 경국지색이다. 오나라 왕 부차는 오나라를 부흥시킨 명군이었으나, 서시를 가까이하면서 판단력이 흐려진다. 사실 서시는 월나라 출신으로 월나라 왕 구천이 오나라 왕 부차를 사치와 방탕에 빠지게 하기 위해 보낸 스파이였다. 그녀는 월나라와 오나라를 통틀어 최고의 미녀였다고 한다. 누구든 한 번 보면 그녀의 매력에 빠져버릴 정도였다나.

오왕 부차는 오로지 서시의 환심을 사는 것에 관심을 갖는다. 서시를 위해 높이 300미터의 고소대와 별궁을 지었다. 이 때문에 많은 백성들이 공사를 하다 죽거나 다쳤다. 나라는 돌보지 않고 서시와 매일 노는 일에만 정신을 쏟는다. 부차는 결국 월나라의 침공을 받아 패하여 죽고 만다.

서시는 얼마나 예뻤던지 사람들은 그녀가 찡그리는 모습까지 흉내를 냈다. 여기서 나온 고사가 효빈效嚬이다. 효는 모방한다는 뜻이고 빈은 찡그린다는 말이다. 《장자》에는 서시와 그녀를 흉내 내다 사람들에게 왕따 당한 추녀가 등장한다. 이 이야기에는 다음과 같은 교훈이 들어 있다.

① 서시가 아무리 미인이라 해도 그녀를 그대로 따라 하기만 해서는 예뻐질 수 없다.
② 훌륭한 인물에게도 단점이 있다. 훌륭한 인물을 본받으려면 그가 가진 어떤 점이 장점이고 어떤 점이 단점인지를 먼저 알아야 한다.
③ 생각하지 않고 모방하는 것은 어리석은 행위다.

장자는 아마도 추녀에게 이런 말을 하고 싶었을지도 모른다.

"서시를 따라 하기 전에 네가 가진 아름다운 면을 발견해라."

맹자는 이런 말을 했다.

"서시처럼 예쁜 여자도 오물을 뒤집어쓰고 있으면 사람들이 모두 코를 막고 지나갈 것이다. 그러나 못생긴 사람이라도 목욕하고 마음을 바르게 가지면 하늘에 제사 지낼 수 있다."

당시 하늘에 제사 지내는 일은 고귀한 신분을 가진 사람들의 특권이었다. 그러므로 외모가 중요한 게 아니라 마음가짐이 중요하다는 거다. 하나마나한 이야기라고? 청소년 여러분은 아마 지금 막 외모에 관심을 갖게 되고 예쁘고 멋진 사람을 좋아하고 있을 거다. 사춘기 때는 그럴 수밖에 없단다. 그게 자연스러운 거다.

그러나 겉으로 보이는 얼굴이나 몸매보다 그 안에 들어 있는 지식과 지혜와 선함이 훨씬 중요하다는 것을 잊지 말자. 그러니 예쁜 여자, 멋진 남자 무작정 따라 하기 금지!

27 옳고 그름의 문제

내가 그대와 논쟁을 하게 되었는데

그대가 나를 이기고

내가 그대를 이기지 못했다면

그대가 과연 옳고

내가 과연 그른 것인가?

내가 그대를 이기고

그대가 나를 이기지 못했다면

내가 과연 옳고

그대가 과연 그른 것인가?

아니면 어느 쪽은 옳고

아니면 어느 쪽은 그른 것인가?

아니면 둘 다 옳거나

아니면 둘 다 그른 것인가? (…)

옳음과 옳지 않음,

그러함과 그러하지 않음에 있어,

옳음이 만약 참으로 옳은 것이라면

옳음이 옳지 않음과 다르겠지만

또한 구분할 것이 없고

그러함이 만약 참으로 그러하다면

그러함이 그러하지 않음과 다르겠지만

또한 구분할 것이 없다. 〈제물론〉(김창환)

앞서 '이것저것'에 대한 논쟁(23장)과 비슷한 주장이 되풀이된다. 장자도 역시 한 말 또 하고 한 말 또 하는 반복의 힘을 믿고 있었던 것 같다.

"중요한 건 반복학습을 해야 돼! 그래도 모르겠으면 외워!"

꼭 이렇게 말하는 것 같다. 장 선생님은 옳고 그른 것을 따지는 것, 이것이냐 저것이냐를 놓고 하나만 바르다고 주장하는 행위를 모두 어리석다고 봤다. 그 이유가 뭘까?

우리가 서로 다른 의견을 갖고 있다 치자. 누구에게 부탁해서 옳고 그름을 판단하게 하겠는가? 여기에 대해 장자는 매우 논리적으로 다음 다섯 가지 해결책을 제시한다.

① 그대와 같은 생각을 가진 자에게 판단을 맡긴다.

⇒ 그 사람은 이미 그대가 옳다고 생각할 것이니 판단할 수 없을 것이다.

② 나와 같은 생각을 하는 자에게 판단을 맡긴다.

⇒ 그 사람도 이미 내가 옳다고 생각할 것이니 역시 판단 불가다.

③ 그대의 생각과도 다르고 내 생각과도 다른 사람에게 맡긴다.

⇒ 그 사람은 그대도 나도 옳지 않다고 생각할 테니 판단이 무의미해진다.

④ 그대와도 생각이 같고 나와도 생각이 같은 사람에게 맡긴다.

⇒ 그 사람이 이미 그대 생각=내 생각이라고 생각하므로 판단 자체를 할 필요가 없다.

⑤ 그대나 나를 포함한 모든 사람들이 모르는 사람에게 맡긴다.

⇒ 누구도 그가 누군지 알 수 없는데 어떻게 판단에 맡길 수 있는가?

어떻게 보면 말장난 같지만, 자세히 들여다보면 매우 정교한 논리학이 숨어있다. 고대 그리스의 소피스트들도 소크라테스 같은 철학자에게 "말장난 하는 자들"이라고 비난받았다. 그러나 소피스트들은 우리들이 하는 말(언어)이 가진 가능성이 어느 정도인가, 우리의 생각이 옳은가, 우리는 생각할 수 있는 존재인가를 밝히는 데 일정한 기여를 했다.

앞의 문장만 놓고 보면 소피스트인 고르기아스(기원전 483~기원전 375)가 한 궤변이 떠오른다. 그는 말했다.

세상에는 아무것도 존재하지 않는다. 설령 무엇인가 있다 하더라도 우리는 그것을 알 수가 없다. 알 수 있다 하더라도 그것을 다른 사람에게 전할 수가 없다.

"그대도 나도 옳고 그대도 나도 옳지 않다……."는 장자의 말을 어떻게 받아들여야 할까? 장자는 옳고 그른 것을 구분하는 것을 '넘어서서' 무한한 경지로 나아가야 한다고 주장 한다. 그런데 우리는 매일 옳고 그른 것을 판단하며 시간을 보내고, 매번 그 판단 때문에 울고 웃는다. 이런 일상을 넘어서서 장자가 말한 저 높은 수준으로 도달하려면…… 아무래도 우리 등에 날개가 솟아나야 할 것 같다. 날자, 날자, 한 번 더 날자꾸나. 그런데 왜 바람이 안 부냐…….

28 누가 누구를 탓하랴?

망량이 영에게 말했다.

"당신은 조금 전에는 걸어가더니 지금은 멈추었고,

아까는 앉아 있더니 지금은 서 있군요.

왜 그렇게 줏대가 없소?"

영이 대답했다.

"내가 딴 것에 의존하기 때문에 그런 것 아니겠소? 내가 의존하는 것 역시 또 다른 것에 의존하기 때문에 그런 것 아니겠소? 잘 모르겠군요. 내가 뱀의 비늘이나 매미의 날개에 빌붙어 있는 게 아닌지.

왜 그런지 내가 어떻게 알 것이며, 왜 그렇지 않은지 또 어떻게 알겠소?" 〈제물론〉

위 문장의 단어들에 다음을 대입해 다시 읽어 보라.

망량은 곁 그림자라고도 한다. 그림자 주위를 빙 둘러싼 옅은 그림자를 말한다. 햇빛이 밝은 날 우리들의 그림자를 잘 보면 곁 그림자가 있다는 걸 알게 된다. 영은 원래의 그림자를 뜻한다. 그림자가 움직이면 따라서 움직일 수밖에 없는 망량이, 자기의 주인을 탓한다. 왜 그렇게 지조 없이 움직이느냐고.

그러자 원래의 그림자가 말한다. 글쎄, 내가 독립적인 존재가 아니라 나 역시 누군가에게 의존하기 때문이 아니겠느냐. 그 누군가는 바로 내 주인이겠지. 그건 사람일 수도 있고 뱀의 비늘일 수도 있고 매미의 날개일 수도 있겠지. 몸이 움직이면 그림자는 그에 따라 움직이는 것이니, 내가 그 이상을 어찌 알겠는가. 알 필요도 없고 알 수도 없다.

공작 한 마리가 있었다. 그를 피록이라 하자. 피록은 숲에 사는 어떤 공작보다도 아름다운 꽁지깃을 갖고 있었다. 그러나 이 공작은 자기 꽁지깃이 거추장스러웠다. 신에게 가서 이렇게 말했다.

"신이여! 왜 저에게 이런 꽁지깃을 달아주신 겁니까? 맹수가 다가오면 달아나기도 불편하고, 나무가 많은 숲에서 도망갈 때 자꾸 걸리고, 전혀 쓸모가 없다고요. 차라리 꽁지를 떼어내 주세요."

신은 공작의 꽁지깃을 떼어 주었다. 피콕은 홀가분해진 몸으로 숲으로 돌아갔다. 얼마 뒤, 짝짓기 철이 되어 암공작들이 수공작을 고르게 되었다. 다른 수공작들은 모두 자기 짝을 만났지만, 피콕은 그렇지 못했다. 어떤 암공작도 그를 선택하지 않았다. 피콕은 그의 친구에게 물었다. 왜 암공작들이 나를 선택하지 않느냐고. 친구가 대답했다.

"수컷 공작의 꽁지깃은 크고 아름다울수록 좋은 거야. 그런 꽁지깃이 있는데도 살아남았다는 건 그만큼 숲 속에서 잘 버티며 살아 갈 수 있다는 증거거든. 그런데 너에겐 그게 없잖아."

꽁지깃을 떼어낸 공작은 공작이 아니다. 꽁지깃은 공작의 본질(=본래의 성질)이기 때문이다. 그럼 그림자의 본질은 무엇일까? 그림자의 본질은 '따라다니는 것'이다. 앞의 원문에서 영은 그림자의 본질에 충실했다. 망령은? 자신도 영의 그림자인 주제에 영에게 선불리 묻는다. 너는 왜 지조 없이 다른 사물을 따라다니기만 하느냐고.

영은 '내가 다른 것에 의존하니 그런 것 아니겠느냐.'고 대답한다. 다른 것은 그림자의 주인이다. 주인이 움직이면 그림자는 따라 움직이게 되어 있다. 그게 본질에 합당한 행동이다. 주인이 사라지면 그림자도 사라진다. 세상에 주인 없이 존재하는 그림자는 없다.

그런데 망령은 영을 비난한다. 왜? 영과 망령 자신의 본질을 파악하지 못했기 때문이다. 망령은 멈추고 싶을 때 멈추고 가고 싶을 때 가야 한다고 믿는다. 그러나 망령이나 영은 모두 어떤 사물이 있어야만 움직일 수 있는 비독립적인 존재다. 비독립적이라는 게 바로 그들의 본질이었다. 그 사실을 잊고 무조건 독립적인 것만 옳다고 주장하는 것은 바로 꽁지깃이 거추장스럽다고 없애달라고 하는 공작처럼 어리석은 일이다.

장자는 이렇게 우리가 절대로 옳다고 여기는 것이 사실은 전혀 옳지 않을 수도 있다는 것을 그림자와 그림자의 그림자 사이의 대화를 통해 깨닫게 하고 있다.

29 말은 뛰게 하고

　말은 발굽이 있어 눈을 밟을 수 있고, 털이 있어 추위를 막을 수 있다. 말은 풀을 뜯고 물을 마시고 들판을 뛰어다니며 산다. 이것이 말의 본성이다. 말을 위해 높은 전망대와 궁궐을 지어 준다 해도 아무 소용이 없는 것이다.

　백락伯樂이란 사람이 있었다. 그는 스스로 "나는 말을 기르는 데 누구보다 뛰어나다."면서 말에 낙인을 찍고, 털을 깎고, 발굽을 다듬고, 쇠붙이로 편자를 만들어 붙인다. 그런 다음 굴레를 씌우고, 가죽으로 띠와 고삐를 맨다. 마구간을 지어 구유를 놓고 자기가 만든 양식을 주었다. 그러자 제 명에 살지 못하고 죽어나가는 놈이 열 마리 가운데 두세 마리였다.

　백락은 또 일부러 말을 굶게 하고, 목마르게 하고, 갑자기 뛰어오르게 하고, 달리게 하고, 나란히 서서 발 맞춰 걷게도 하고, 줄지어 따르게도 했다. 말의 입에 재갈을 물리고 머리 장식을 붙여 앞만 보게 했으며 채찍으로 엉덩이를 때리며 위협했다. 그러자 또 버티

지 못하고 죽어나가는 말이 반 이상이었다. 〈마제〉

　백락이란 사람은 왜 그랬을까? 아마도 잘 뛰는 소수의 말을 길러내기 위해서였을 거다. 우수한 몇 마리 말을 위해 다수의 말을 희생시킨 것이다. 백락은, 인간의 기준에 맞는 말을 만들기 위해 말이 가진 고유의 본성(들에서 뛰며 풀을 뜯고 자유롭게 사는 것)을 모두 무시해 버렸다.

　단국대학교 안희진 교수는 이 글을 현대의 교육에 비유한다.

　교육 전문가라는 사람이 '나는 좋은 인재를 만들 수 있다'고 하며 학생들의 머리카락을 자르고 입을 옷을 지정한다. 또 색깔을 규정하고 장식을 명령한다. 공부의 시간과 내용, 생활의 범위와 규칙을 제도로 묶어 놓고 모든 학생을 틀에 박힌 듯이 키운다. 그러다 보니 학생 열 사람 중에 두셋은 생기가 시들어 간다. 또한 놀이나 휴식도 없이 공부하고 명령에 따르게 한다. 앞에는 대입과 출세라는 목표를 걸고 뒤로는 낙오자라는 처벌로 위협한다. 이러다 보니 학생의 절반은 병들고 만다.

아, 어른의 한 사람으로서 청소년 여러분에게 미안하다. 지금 많은 청소년들이 생기 없이 병들어 가고 있다. 어른들이 잘못 만들어 놓은 교육 때문이다. 제발, 잘 버텨 달라고 부탁하고 싶다. 최소한 여러분이 성인이 될 때까지만이라도. 아니면 뜻있는 어른들이 교육을 바꿔 놓을 때까지라도.

우리나라에서 현재 진행되고 있는 교육은 자유와 창의를 제대로 살리지 못하고 있다. 그래서 백락이 말을 죽게 하듯이 고정관념으로 만들어진 교육제도가 청소년을 죽게 하고 있다. 그러나 이 책을 읽는 여러분만은 제발 죽지 마라. 서로 위로하면서 《장자》를 읽으면서 하늘로 비상할 미래를 꿈꾸길 바란다. 어른들이여, 말은 제 멋대로 들을 뛰게 하고, 청소년은 제 맘대로 놀게 하라!

장자에는 또 이런 이야기가 있다.

남해의 왕은 숙이고, 북해의 왕은 홀이며 가운데 땅의 왕은 혼돈이었다. 숙과 홀이 자주 혼돈의 땅에서 만났는데, 혼돈은 늘 그들을 잘 대접했다. 숙과 홀은 어느 날 이야기했다.

"우리가 어떻게 하면 혼돈의 친절에 보답할 수 있을까?"

"듣자 하니 사람에게는 모두 일곱 개의 구멍이 있어서 보고 듣고 먹고 숨을 쉰다고 하는데 혼돈은 이런 게 없더군."

"그럼 우리도 혼돈에게 구멍을 뚫어 주자."

"좋은 생각이네!"

숙과 홀은 혼돈을 만나 그의 몸에 하루에 하나씩 구멍을 뚫어 주었다. 7일이 지나 일곱 개의 구멍이 났을 때, 혼돈은 죽었다.

〈응제왕〉

이 글을 저 위의 안희진 교수처럼 고쳐 보자.

공교육의 이름은 숙이고 사교육의 이름은 홀이며 학생의 이름은 혼돈이었다. 숙과 홀이 만나서 혼돈에 대해 이야기했다.

"어떻게 하면 혼돈을 잘 교육할 수 있을까요?"

"학생이라면 국 · 영 · 수 · 과 그리고 피아노, 미술, 태권도 같은 일곱 개의 과목을 모두 잘해야 합니다. 혼돈은 이런 걸 안 하잖아요?"

"그럼 한 시간에 하나씩 가르쳐 주기로 하지요."

"좋은 생각이네요!"

숙과 홀은 혼돈에게 하루에 일곱 시간씩 국어, 영어, 수학, 과학

과외를 시키고 피아노, 미술, 태권도 학원을 다니게 했다. 1년이 지나자 하생은 바보가 됐다.

이 글을 읽고 부모님에게 보여 주지는 말길. 꼭 일러바치는 애들이 있더라. 이 책은 이 시대의 금서禁書이자, 1318세대만의 비서秘書니까. 비밀 조직을 통해 서로 돌려가며 읽기 바람. 아, 스파이들 두목 노릇도 힘드네.

30 어설픈 지식인의 편견

　신도가는 형벌을 받아 한쪽 발이 잘린 사람이다. 자산은 정나라의 재상이었다. 신도가와 자산은 둘 다 백혼무인의 제자였다. 어느날 두 사람이 나란히 앉게 되자 자산은 '다리병신과 같이 앉는 건 창피한 일이야.' 하고 생각해서 신도가에게 말했다.

　"내가 먼저 오면 자네가 나가고, 자네가 먼저 오면 내가 나가세."

　다음 날 다시 같은 방에서 나란히 앉게 되자 자산이 말했다.

　"내가 어제 말하지 않았나? 나는 자네 같은 사람과 같이 배울 수 없다고. 자네는 그 꼴을 하고 나 같은 재상 옆에 앉아 있으려 하나?"

　신도가가 말했다.

　"자신이 온전한 몸이라 하여 내 몸을 보고 비웃는 사람이 많았네. 그러나 백혼무인 선생님은 나를 19년이나 가르쳐 주셨지만 한번도 내 발이 하나인 것에 대해 말하신 적도 없고 알은 척 하신 적도 없네. 그런데 자네는 그 선생님 아래서 스스로 재상인 것을 내세우고 있는가?

자네와 나는 몸 안에 무엇을 배워 넣을 것인가를 배우고 있는데 자네는 아직 몸 밖으로 보이는 것에 신경을 쓰고 있으니 이건 잘못된 일 아닌가?"

자산이 부끄러워하며 잘못을 빌었다. 〈덕충부〉

신도가와 백혼무인은 장자가 만들어낸 허구의 인물이다. 백혼무인伯昏無人은 '지식을 겉으로 드러내지 않고 세속의 구분에 연연하지 않는 인물'이란 뜻이다. 자산은 정나라 재상을 지낸 실존 인물로 정치를 잘하고 백성들을 위해 덕을 베푼 사람이었다. 여기서는 장자에 의해 유명한 지식인이 지만 편견을 가진 사람으로 설정됐다.

《장자》〈덕충부〉편에는 장애를 가진 사람에 대한 이야기가 몇 편 등장한다.

① 위나라의 애태타는 그 모습이 너무 흉하고 못생겼지만 그 사람과 함께 지내 본 사람들은 그를 떠나지 못한다. 그를 본 여자들은 누구나 그의 부인이 되고 싶어 한다. 재산도 없고 권

력도 없고 말을 많이 하는 것도 아니다. 그런데도 사람들이 그를 믿고 아무 공을 세우지 않았는데도 사람들이 그를 사랑한다. 그가 조화롭고 덕이 있기 때문이다.

② 절름발이에 등이 굽고 언청이인 사람이 위나라 영공에게 자신의 의견을 말하자 영공이 듣고 기뻐했다. 그 후로 영공은 오히려 몸이 정상인 사람을 보면 이상하게 여겼다.

③ 큰 혹이 있는 사람이 제나라 환공에게 도를 이야기하니 환공이 좋아했다. 그 후로 환공은 몸이 정상인 사람을 보면 오히려 이상하게 여겼다.

영문 학자이면서 《장자》 문장 전체를 완역한 안동림 선생은 〈덕충부〉의 한 대목을 이렇게 해석했다.

내면의 덕이 뛰어나면 외형 따위는 잊게 된다. 그러나 세상 사람들은 잊어야 할 외형의 것은 잊지 않고, 잊어서는 안 될 내면의 덕에 대한 것은 잊고 있다. 이런 일을 '참으로 잊고 있음'이라 한다.

다리가 잘린 것, 절름발이, 등에 혹이 난 것 등은 모두 겉으로 보이는 외형일 뿐이다. 우리 같은 보통 사람들은 누구나 이런 겉모습에 현혹된다. 피부색, 키, 몸집, 생김새를 중요하게 생각한다. 장자는, 우리가 '보통-평범-정상'이라고 규정하는 그 인식의 틀 자체에 대해 의문을 품는다. 도대체 뭐가 정상이고 뭐가 비정상이냐……는 거다.

다리 하나를 잘린 신도가라는 사람이 있다. 자신이 원해서 자른 것도 아니고, 잘못한 벌로 누군가가 억지로 자르는 바람에 자신의 다리를 잃은 것뿐이다. 그의 잘못이 아니다. 그런데 재상이자 지식인인 자산은 그런 신도가를 업신여겨 같은 자리에 앉기조차 거부한다. 자산과 신도가는 같은 스승 아래서 배운 사람들이다. 신도가는 묻는다.

"스승께선 내가 다리 하나 없는 것조차 알지 못한다. 그것에 대해 의식하지 않기 때문이다. 우리 스승은 그런 분이다. 그런데 도대체 너는 스승에게 뭘 배운 거냐?"

《열국지》에 이런 이야기가 있다.

춘추 전국 시대 초나라에 변화卞和라는 사람이 있었다. 그는 석공이었는데 형산이란 곳에서 돌 하나를 주워 왕에게 바쳤다. 변화가 보기에 그 돌은 옥을 품고 있는 돌이었다. 임금은 옥을 다듬는 사람을 불러 그 돌을 감정하게 했다. 옥공이 말했다.

"이 돌은 그냥 돌일 뿐입니다."

왕이 화가 나서 변화의 다리 하나를 잘랐다. 왕이 죽고 그의 아들이 왕을 이었다. 변화는 또 돌을 바쳤다. 역시 그냥 돌이라는 판정이 나왔다. 아들 왕도 화가 나서 변화의 또 다른 다리 하나를 잘랐다. 아들 왕도 죽고 손자 왕이 대를 이었다. 초문왕이란 사람이었다. 변화는 돌을 바치고 싶지만 움직일 수가 없었다. 형산 아래서 돌을 품고 사흘 낮 사흘 밤을 울었다. 결국엔 피눈물이 났다. 이 소문이 왕의 귀에까지 들어갔다. 왕은 그를 불러 물었다.

"너는 그렇게 상을 받고 싶으냐?"

"저는 상을 받고 싶은 것이 아닙니다. 사람들이 이 돌의 겉만 보고 속을 보지 못하기에 그것을 알리기 위해 이러는 것입니다. 제가 이대로 죽으면 저는 사기꾼이 되고, 이 돌은 그냥 돌이 되어 버립니다. 이 돌은 천하제일의 옥을 품고 있습니다."

왕이 옥공을 불러 돌의 겉을 깎아내게 했다. 잠시 후에, 돌 안에서 빛이 품어져 나왔다. 돌을 다 깎아내자 아름다운 옥이 모습을 드러냈다. 초문왕은 변화에게 대부 벼슬을 내리고 그 돌로 둥근 모양의 보석을 만들어 '화씨의 벽'(벽은 보석이란 뜻)이라 이름 붙였다.

화씨의 벽은 춘추 전국 시대 중원에서 가장 아름다운 보석으로 알려지게 되었다.

아마도 장자는 이런 말을 하고 싶었는지도 모른다.

"겉만 보고 사람을 판단하는 것은 마치 겉만 보고 화씨의 보석을 그냥 돌이라고 하는 것이나 마찬가지다. 밖으로 드러난 장애는 장애가 아니다. 욕심, 나쁜 생각, 남을 시기하는 마음처럼 몸 안에 품고 있는 것이 진짜 장애다."

그나저나 '못생겼지만 인기 있는 애태타'의 비결은 뭘까? 다른 사람을 애태우고 애가 타게 만들어서 그의 이름이 애태타일까? 거참 궁금하다…….

31 중도의 길, 쉬울까?

장자가 어느 날 시를 읊었다.

"우리 삶에는 끝이 있습니다.

그러나 지식에는 끝이 없습니다.

끝이 있는 삶으로

끝이 없는 지식을 추구하는 것은

위험할 뿐이지요.

이렇게 말하는데도 더 알려고 하는 것은

더더욱 위험하지요.

착한 일을 하더라도

소문이 날 정도로는 하지 말고

나쁜 짓을 하게 되더라도

벌 받지 않을 정도로만 하십시오.

오직 중간의 길을 택해

삶의 기준으로 삼으십시오.

그럴 때 몸을 온전히 지킬 수 있고

평생 무사할 수 있고

어버이를 봉양하며

천수를 누릴 것입니다." 〈양생주〉

이 이야기를 들으면 공부를 잘할 필요도 없을 것 같고 책도 읽을 필요가 없을 것 같다. 지식을 추구하는 것은 위험하다는데 굳이 알려고 노력할 필요가 있는가? 두 번째 문장에서 장자는 한 술 더 뜬다. 착한 일도 적당히, 나쁜 짓도 적당히 하란다. 이거야 말로 헐⋯⋯이다.

《논어》에 이런 말이 있다.

君子於其言 無所苟而已矣 군자어기언 무소구이이의

군자는 자기가 한 말에 대해 결코 적당히 해두는 일이 없다는 뜻이다. 공자가 보기엔 이게 선비의 자세다. 그런데 장자는 중간 정도로 해야 오래 살 수 있다고 한다.

장자의 자기변호를 직접 들어 보자.

이렇게 생각해 봅시다. 내가 그동안 주장한 것들이 대체로 '우리가 아는 것이 제대로 아는 것인가' '우리가 공부해서 머릿속에 집어 넣은 지식들은 참된 것들인가' '우리는 정말 뭔가를 알 수 있는 존재인가'였지요. 겉으로 보이는 것이 전부가 아니라는 말입니다. 속에 있는 그 무언가를 알아야 하지요.

그럼 속에 있는 그 무언가를 알았다 칩시다. 그게 다입니까? 아닙니다. 겉과 속을 아우르는 또 그 무언가가 있을 겁니다. 우리가 그걸 알 수 있는가……. 이렇게 따져가다 보면 끝이 없겠지요.

자, 일단 겸손해집시다. 우리가 뭔가를 전부 알 수 없다고 칩시다. 적당한 선에서 그쳐야 합니다. 그럼 그 적당한 선이란 무엇일까요?

앞의 글에서 저는 선에도 악에도 치우치지 말고 그저 네 가지만 잘 지키라고 했습니다. 그게 보신, 전생, 양친, 진년입니다.

보신保身은 몸과 마음을 온전히 지킨다는 뜻입니다. 지식이 아무리 많고 유명해지고 착한 일을 많이 하면 뭐 합니까? 몸이 허약해서 매일 병원 신세를 지고, 마음이 흔들려서 매 시간 고민한다면. 그래서 보신이 첫째입니다. 여름에 먹는 보신탕과는 아무 상관 없고요.

두 번째는 전생全生입니다. 평생을 무사히 보낸다, 온전한 삶을 산다, 완전한 삶을 산다, 삶을 완성한다……는 뜻입니다. 이보다 더 큰 인생의 목표가 있을 수 있나요? 개인적으로는 '완전한 삶'보다는 '온전한 삶'이 좋습니다. 완전과 온전은 어떻게 다르냐고요? 사전에 나와 있는 뜻보다는 이렇게 말하고 싶네요. 완전함에 따뜻함을 더하면 온전함이 된다고. 그러니 온전한 삶을 사는 것이야말로 인간의 궁극적인 존재 이유가 되겠지요.

세 번째는 양친養親입니다. 부모님을 잘 모신다는 의미죠. 넓게 가족과 화목하게 지낸다는 의미도 됩니다. 물론 자신이 아는 친지와 친구까지도 포함할 수 있습니다. 가족과 지인들, 우리가 아는 사람들과 행복하게 지낸다는 겁니다. 보세요. 삶에 이보다 더 큰 목표가 있나요? 다른 목표들을 다 이룬다 해도 가족끼리 미워하고 친구에게 욕먹고 가까운 이들에게 버림받는다면 제대로 된 삶이 아니겠지요. 그래서 양친이 중요한 겁니다.

네 번째는 진년盡年입니다. 천수를 누린다, 하늘이 정해준 나이까지 산다……. 뭐 이런 뜻입니다. 그런데 진은 다할 진이고 년은 해, 시간을 뜻합니다. 따라서 하늘이 정해준 죽음의 그날까지 내가 가진 사랑과 열정을 다해 살아간다……라는 뜻도 있습니다. 네? 적당히 살라고 했지 않느냐고요? 물론 그렇지요.

그런데…… 이 험한 세상에서 선과 악의 계곡 사이에 놓인 줄을 타고 어느 쪽에도 치우치지 않는 중도의 삶을 살려면 내가 가진 지식과 열정과 노력을 다해서 정말 열심히 애써야 합니다. 안 그러면 어설픈 위선자가 판치는 숲이나 악마들이 득시글대는 늪에 빠져버릴지도 모릅니다. 중간의 길을 걷는 것, 그것 역시 살얼음 걷듯 외롭고 힘겨운 일이랍니다. 적당히 하는 것, 그것 역시 결코 적당히 해서는 할 수 없는 경지랍니다.

아, 네.

32 자유라는 것

늪에 사는 보잘것없는 꿩은

곡식 한 알을 주워 먹으려면 열 번을 뛰어야 하고

물을 한 모금 마시려면

백 번은 뛰어야 한다.

그러나 비록 원하는 모든 것이

눈앞에 있다 해도

꿩은 닭장에 갇히는 것을 원치 않는다.

차라리 훨훨 자유로이 날아

스스로 양식을 구하려 한다.

〈양생주〉(토마스 머튼 지음, 권택영 옮김)

여기 한 마리 꿩이 있다. 숲에서 자유롭게 살지만 곡식 한 알을 얻고 물 한 모금을 마시기 위해 수없이 뛰어다녀야 한다. 그러나 그는 결코 닭장에 갇히길 원치 않는다. 우리 안에 갇히면 주인이 알아서 먹을 것을 준다. 차라리 그게 낫지 않을까? 편하게 앉아서 주는 먹이를 받아먹는 것이?

개가 더 좋을까, 늑대가 더 좋을까? 개는 주인이 주는 사료를 먹고 산다. 아 물론, 개는 주인의 사랑을 먹고 산다고 하는 사람도 있다. 그것도 맞다. 개가 신경 쓰는 것은 주인뿐이다. 충성스런 개에 대한 이야기가 많지만, 개가 그렇게 눈물겹게 주인에게 복종하는 이유는 그게 개의 본성이기 때문이다. 개는 오로지 주인에 의한, 주인을 위한, 주인의 존재다.

말은 인간을 태우고, 소는 인간에게 고기를 주며, 닭은 시간을 알리지만, 개는 아무것도 하지 않아도 먹을 것을 얻는다. 그러나 늑대는 어떤가? 늑대는 열 번을 뛰어서 생쥐 한 마리를 잡고 백 번을 뛰어서 물 한 모금을 마신다. 고생스럽게 낮을 보내고 힘겹게 밤을 지새우며 언제 죽을지 모르는 위험에 항상 노출되어 있다. 그런 대가로 늑대가 얻는 것은 오로지 가고 싶은 곳에 가고, 하고 싶은 것을 하는 자유뿐이다.

자유의 대가는 이렇게 혹독하다. 그러나 혹독한 그 무언가를 겪지 않고는, 가혹한 통과의례를 치르지 않고는 자유를 얻을 수 없다. 흑인의 자유를 위해 애썼던 마틴 루터 킹 목사는 1963년 8월 워싱턴에서 이런 연설을 했다.

나에게는 꿈이 있습니다. 언젠가는 이 나라가 '모든 인간은 평등하게 태어났다. 우리는 이 명백한 진리를 믿는다.'는 신조의 진정한 의미를 받들고 일어설 날이 오리라는 꿈이.

나에게는 꿈이 있습니다. 언젠가는 조지아의 붉은 언덕 위에 노예의 자식들과 노예주의 자식들이 형제처럼 식탁에 둘러앉아 함께 식사를 하게 되리라는 꿈이.

나에게는 꿈이 있습니다. 언젠가는 학대와 불공평의 열기로 가득한 저 황폐한 미시시피조차도 자유와 정의의 오아시스로 바뀌게 될 날이 오리라는 꿈이.

나에게는 꿈이 있습니다. 언젠가는 나의 네 명의 아이들이 그들의 피부색이 아니라 성격으로 판단되는 그런 나라가 오리라는 꿈이.

1950~60년대 미국은 선진국이라는 이름이 무색하게 여전히 흑백 차별이 판치는 곳이었다. '흑인과 개 출입금지'라는 팻말을 붙인 식당들이 공공연하게 영업을 했고 대중교통 좌석에도 흑인은 백인과 함께 앉지 못했다.

로자 파크스라는 여성이 있다. 그녀는 1955년 12월 1일, 앨라배마 주 몽고메리에서 백인 승객에게 자리를 양보하라는 버스 운전사의 지시를 거부했다. 로자는 이 때문에 경찰에 체포됐다. 흑인들은 이 사실을 알고 이후 382일 동안 몽고메리 시의 버스를 타지 않는 저항 운동을 벌였다.

　　이 운동에 마틴 루터 킹 목사가 참여했고 결국 미국에 사는 흑인들의 자유와 평등을 위한 투쟁이 시작되었다. 로자 파크스는 이 일로 자신이 일하던 백화점에서 해고되었고 그녀의 남편도 직장을 잃었다. 그러나 그녀는 이후 흑인들의 인권을 위한 일에 앞장서게 된다.

　　마틴 루터 킹 목사는 30여 차례나 체포되었지만 굴하지 않고 흑인들의 자유를 위해 일하다가, 1968년 4월 4일 제임스 얼 레이라는 백인에게 암살당했다. 만 39세의 안타까운 나이에 자유를 위해 목숨을 바치게 된 것이다. 그뿐만이 아니다. 오늘날 미국의 흑인들이 백인들과 동등한 인권을 누리기 위해 수많은 사람들이 감옥에 끌려갔고 목숨을 바쳤다. 킹 목사의 말처럼 자유를 위한 꿈이 있었기 때문이다. 이들의 오랜 투쟁 끝에 미국은 46년 뒤인 2009년, 오바마라는 최초의 흑인 대통령을 탄생시켰다.

자유란 그런 것이다. 남이 주는 것만 받아먹으며 몸 편히 사는 것은 자유가 아니다. 백인들이 주는 월급과 안정에 만족했더라면 오늘날 흑인들이 누리는 자유는 없었을 것이다. 자유란, 열 번 백 번을 뛰어다니며 피와 땀을 흘리더라도 내가 애쓰고 노력해서 얻은 밥과 물을 먹겠다는 의지다. 꿩조차 새장에 갇히기 싫어하는데 인간은 말해 무엇하겠는가?

33 아파도 아프지 않은 것처럼

자여에게 갑자기 병이 나서 자사가 문병을 했다. 자여가 말했다. "아, 조물주는 위대하다. 나를 이처럼 오그라들게 하다니." 자여의 등은 굽어 솟아오르고 오장이 위로 올라갔다. 턱은 배꼽에 묻히고 어깨가 정수리보다 높이 올라갔으며 목덜미는 하늘을 향하게 됐다. 자여의 겉모습은 뒤죽박죽이었으나 그 마음은 아무 일 없는 듯 평온했다. 그는 비틀거리며 우물에 가서 자기 모습을 비춰 보았다.

"아, 저 조물주가 내 몸을 이렇게 만들었단 말이지."

자사가 물었다.

"자넨 그게 싫겠지?"

"천만에. 뭐 땜에 싫어해야 하나? 내 왼팔이 변하여 닭처럼 되면 나는 그것이 새벽을 알리기를 바라겠네. 내 오른팔이 변하여 활처럼 되면 나는 그것으로 새를 사냥해 구워먹겠네. 내 엉덩이가 수레바퀴처럼 되고 내 정신이 말처럼 된다면 나는 그것을 타겠네. 우리가 삶을 얻은 것도 때를 만났기 때문이지요, 우리가 삶을 잃는 것도 마찬가지

일세. 있는 그대로 받아들이면 편안할 뿐이지." 〈대종사〉

자여의 경지는…… 말 그대로 신선과 같다. 삶을 달관했다고 할까? 장자는 《장자》의 곳곳에서 이런 신선 같은 삶을 노래했다. 등장인물 중 많은 사람들이 이렇게 말한다.

'세상 사람들의 기준은 아무것도 아니다.'

'몸이 완전히 망가져도 마음만 살아 있으면 된다.'

'태어나는 것도 죽는 것도 그저 자연의 순리일 뿐이니 너무 연연할 필요 없다.'

《장자》〈대종사〉편에는 또 이런 이야기가 실려 있다.

반대 잘하는 맹 선생과 거문고 달인 선생과 뽕나무 문 선생은 친구였다. 뽕나무 문 선생이 죽어 장례를 치르는데, 공자의 제자 자공이 문상을 왔다. 그런데 거문고 달인 선생이 거문고를 타면서 맹 선생과 같이 노래하고 있었다.

"뽕나무 친구야, 뽕나무 친구야~.

그대는 신선이 됐는데

우리는 아직 사람이구나~."

자공이 물었다.

"죄송합니다만, 고인의 시신 앞에서 그런 노래를 부르는 게 예의입니까?"

두 선생이 마주 보고 웃었다.

"이 애송이가 진짜 예의가 뭔지 알까? 하하하."

자공이 돌아와 공자에게 이 이야기를 하니 공자가 후회했다.

"아, 그 사람들은 삶이란 게 혹 같아서 죽음은 오히려 혹을 떼는 일이라고 생각하지. 말하자면 이 세상 밖에서 노니는 사람들이야. 너와 나는 아직 세상 안에 머물고 있고……."

문제는…… 장자가 이런 이야기를 하도 반복하니 싫증이 난다는 거다. 좋은 이야기도 한두 번이지……. 이쯤에서 나는 은근 장자 선생에게 반항하고 싶어진다.

"저기요, 장 선생님! 이거 쫌 너무한 거 아닙니까? 도를 심하게 강조하시는데 말이죠. 세상을 초연한 자세, 신선과 같은 삶, 삶과 죽음을 초월한 마음가짐……. 아니 이런 게 우리 인간이 정말 가질 수 있는 거냐 이 말입니다. 한두 번도 아니고 이런 식으로 자꾸 반복하시는 이유는 장 선생님도 사실은 자기가 하는 말에 확신이 없어서 그런 거 아닌가요?"

장 선생이 대답하신다.

"헉! 너 어떻게 알았냐?"

하나 더. 장자가 공자를 계속 비난하는 이유는 공자가 너무 인기가 많아서였다. 장자는 공자를 질투했다. 믿거나 말거나.

34 물고기가 되어 봤나?

장자와 혜자가 호수 위에 놓인 다리를 건너고 있었다.

장자가 말했다.

"피라미가 한가롭게 헤엄치고 있군. 저렇게 헤엄치는 것이 물고기들의 즐거움이지."

혜자가 물었다.

"자네는 물고기가 아닌데, 어떻게 물고기가 즐거운지 아닌지 아는가?"

장자가 대답했다.

"자네는 내가 아닌데, 어떻게 내가 물고기의 즐거움을 모른다는 것을 아는가?"

"나는 자네가 아니니 당연히 자네를 모르네. 그렇다면 자네도 물고기가 아니니 물고기의 즐거움을 모르지 않겠나?"

"자네의 처음 질문으로 돌아가 보세. 이렇게 물었지. '(장자) 자네는 물고기가 아닌데 어떻게 물고기가 즐거운지 아는가?'라고. 그

건 내가 이미 알고 있음을 알고서 내게 물은 것이네. 나는 물고기의 즐거움을 알고 있네." 〈추수〉

어찌 보면 말장난 같은 이야기다. 하지만 이 말장난 안에는 서로 양보할 수 없는 논리의 구조가 숨어 있다. 혜자는 1차적으로 다음과 같은 논리를 폈다.

물고기의 즐거움은 물고기만 안다.
⇒ 장자는 물고기가 아니다.
⇒ 따라서 장자는 물고기의 즐거움을 모른다.

장자는 이에 대해 이런 논리로 대응했다.

물고기에 대해 장자가 생각하는 것은 장자만이 알 수 있다.
⇒ 혜자는 장자가 아니다.
⇒ 따라서 물고기의 즐거움을 장자가 아는지 모르는지 혜자는 알 수 없다.

장자의 대응에 대해 혜자는 다시 묻는다.

혜자가 장자가 아니듯 장자 역시 물고기가 아니다.

⇒ 그러므로 장자는 물고기의 즐거움을 모른다.

장자는 혜자가 가진 논리적 모순을 지적한다.

혜자가 처음 장자에게 '당신이 어떻게 물고기의 즐거움을 아는가?'라고 물었을 때 혜자는 이미 '장자는 물고기의 즐거움을 모를 것이다'라는 사실을 '알고 있는' 상태에서 물은 것이다. 혜자가 생각하기에 혜자는 장자의 마음을 알고 있다. 혜자가 장자의 마음을 안다면, 장자 역시 물고기의 마음을 알 수 있다.

이 두 양반이 도대체 무슨 소리를 하는 것인지……. 학자들은 이렇게 풀이한다. '혜자는 단순히 인간의 개념과 감각으로 사물을 이해하고 있고, 장자는 절대의 경지에 서서 자연과 자신이 하나가 되는 입장을 취하고 있다'고. 글쎄……. 그보다는 그저 친구 사이인 혜자와 장자가 담소를 나누었다고 생각하면 안 되는 걸까? 장자라면 현대의 학자들에게 이렇게 말했을 거 같다.

"이보시오, 학자 양반들. 나와 혜시(혜자의 이름)가 서로 논쟁을 했는지 웃으면서 농담을 했는지 어떻게 아시오? 당신들이 장자와 혜시가 아니거늘 장자와 혜시의 즐거움을 어떻게 안다는 거요? 우리가 살았던 시대에는 별다른 취미가 없었소. 생각해 보시오. 골프를 칠 수 있나, 해외여행을 갈 수 있나, 자동차를 타고 드라이브를 할 수 있나. 그저 친구끼리 대화할 수밖에. 저건 '호량'이라는 저수지의 징검다리 옆에서 나눈 '연·물·농'이었다오. '연·물·농'이 뭐냐고? '연못가에서 물고기 보면서 농담 따먹기'의 준말이라오. 휘리릭~."

35 학의 다리가 길다고

지극한 도를 아는 사람은

타고난 본성을 잃지 않는다.

엄지와 둘째 발가락이 붙어 있어도

'나는 발가락이 네 개뿐이구나.' 하는 생각을 하지 않고

손가락이 하나 더 있어도

'나는 육손이구나.' 하는 생각을 하지 않는다.

긴 것을 남는다고 여기지 않고

짧은 것을 부족하다 하지 않는다.

오리의 다리가 비록 짧지만

그것을 길게 늘이면 오리는 괴롭다.

학의 다리가 비록 길지만

그것을 잘라주면 학은 아파한다.

타고나기를 길게 타고난 것은 잘라선 안 되고

타고나기를 짧게 타고난 것은 늘려선 안 된다. 〈변무〉

장자는 혹시 21세기에 성형을 해서 얼굴과 몸을 고치는 사람을 염두에 두고 이 글을 쓴 것은 아닐까? "타고나기를 길게 타고난 것은 잘라선 안 되고, 타고나기를 짧게 타고난 것은 늘려선 안 된다." 이 말대로라면 낮은 코를 높이는 것이나 뚱뚱해진 배의 지방을 없애는 것도 잘못이다.

'타고난 그대로' 지내면서도 남거나 부족하다고 느끼지 않는 것. 장자는 그것이 바로 지극한 도를 아는 사람의 삶이라고 말했다. 장자는 이미 받은 것을 아름답게 보는 방법에 대해 이야기한다. 오리는 다리가 짧아서 오리고 학은 다리가 길어서 학이다. 짧은 다리가 보기 싫다고 강제로 늘리거나 긴 다리가 흉하다고 잘라선 안 된다. 그건 오리와 학의 본성을 깨는 일이기 때문이다. 조물주에게 이미 받은 것을 귀하고 중하게 여기면 열등감도 수치심도 사라진다.

그럼 코와 배와 눈을 고치는 일은? 만약 코와 배와 눈을 고치고 나서도 인간이라는 본성을 그대로 유지할 수 있다면 상관없다. 장자는 그의 책에서 '겉모습이 전부가 아니다'라고 말했으니까. 그런데 사람은 간사해서 겉모습이 달라지면 마음도 달라진다. 그게 문제다.

노자는 《도덕경》에서 이렇게 말했다.

발뒤꿈치를 들고 서 있는 사람은

오래 서 있지 못하고

다리를 너무 벌리는 사람은

잘 걷지 못한다.

스스로를 드러내려는 사람은

밝게 빛날 수 없고

스스로 옳다고 하는 사람은

돋보일 수 없다.

스스로 자랑하는 사람은

그 공로를 인정받지 못하고

스스로 뽐내는 사람은

오래 가지 못한다.

도의 관점에서 보면 이런 일들은

밥찌꺼기나 군더더기 같은 행위일 뿐

모두가 싫어하는 것이다.

도를 깨달은 사람은

이런 일에 집착하지 않는다. 〈24장〉

내내 뒤꿈치를 들고 걷는다면 힘들어서 곧 지치고 만다.

다리를 쫙 벌려서 걸으려 해도 마찬가지다. 이게 모두 인간의 본성을 어기는 일이다. 그런 사람들은 스스로 드러내려 하고 스스로 옳다 하고 스스로 자랑하려는 사람이다. 도가 있는 사람, 참된 도를 깨우친 사람은 그런 짓을 쓰레기처럼 여긴다.

성경에는 밭에 묻힌 보물을 발견한 사나이의 일화가 나온다. 한 사나이가 밭에서 보물을 발견했다. 그는 전 재산을 팔아서 시가의 몇 배를 주고 그 밭을 샀다. 왜? 자신의 전 재산보다 훨씬 가치 있는 보물이 그 밭에 있기 때문이다. 도는 그런 보물과 같다. 도를 아는 사람은 겉으로 보이는 밭의 모습보다는 그 속에 묻힌 보물을 중요하게 생각한다. 진실이라든지, 선함이라든지, 아름다움은 명예나 돈보다 훨씬 가치 있는 보물이다.

요즘 청소년들의 선망 직업 1위는 연예인이다. 그래서인지 각종 오디션 프로그램의 인기가 하늘을 찌른다. 우리는 누구나 유명해지고 싶어 한다. 그런데 왜 그렇게 많은 유명인들이 자살하는 것일까? '명예'에 집착하기 때문이다. 문제는 대중의 기호가 늘 변덕스럽기 때문에 명예와 인기란 것이 지속적이지 않다는 것이다. 반면 우리의 욕망은 인기가 오래오래 지속되길 바란다. 심지어 영원하길 원한다. 영원하지 않은 것으로 영원한 것을 만족시키려니 스스로 모순에 빠질 수밖에 없다.

변하기 쉬운 것에 우리의 존재 가치를 걸고 희로애락하며 좌지우지된다면, 우리는 늘 불안하게 살아야 한다. 헛것을 쫓는 사람처럼 피로하게 된다. 학과 오리가 가진 본질을 보지 못하고 밉다고 다리를 자르거나 늘리려고 애쓰는 꼴이다.

주어진 것대로, 있는 그대로, 본성에 맞게 살아가는 것. 장자는 그게 참된 인생이라고 우리를 타이르고 있다.

36 부러움의 링반데룽

외발인 기夔는

노래기를 부러워하고

노래기는 뱀을 부러워한다.

뱀은 바람을 부러워하고

바람은 마음을 부러워한다.

기가 노래기에게 말했다.

"나는 외발로 다니느라 힘이 드는데

너는 발이 수십 개나 되니 참 좋겠다."

노래기가 답했다.

"말도 마. 발이 너무 많아서 내가

어떤 발을 어떻게 움직이는지도 몰라.

나는 차라리 발이 없는 뱀이 부러워."

뱀이 말했다.

"내가 부럽다고? 나는 척추와 옆구리를 뒤틀면서

움직여야 한다고. 저 바람을 봐.

북쪽에서 남쪽으로 '휙' 하고 날아가잖아. 아휴 부러워."

바람이 말했다.

"모르시는 말씀. 나는 큰 나무와 큰 집을 날려 버리지만

누군가 굳은 의지를 갖고 있다면 그것은 꺾을 수 없어.

나는 사람의 마음이 부러워." 〈**추수**〉

이 이야기는 한 편의 동화 같다. 이래서《장자》를 스토리텔링의 최강 고전이라고 하는 거다. '링반데룽(ringwanderung)'이란 말이 있다. 등산에서 쓰는 용어인데, 목표를 향해 가는 것 같지만 실은 같은 장소를 원을 그리며 뱅뱅 돈다는 뜻의 독일어다. 앞의《장자》원문에 나는 이런 이름을 붙였다. '부러움의 링반데룽'이라고.

기夔는 〈산해경〉이란 책에 나오는 전설상의 동물이다. "동해에 유파산이 있다. 이 산에 짐승이 사는데 모양은 소와 같고 푸른빛이 나며 뿔이 없고 외발로 다니니 이를 기라 한다"고 기록되어 있다. 기는 다리가 하나라 다리가 여러 개인 벌레 노래기를 부러워한다. 그러나 노래기는 다리가 많은 것이 불만이다. 이 다리가 내 다리인지, 저 다리가 내 다리인

지 모를 지경이니까 그래서 뱀을 부러워한다.

뱀은? 배를 땅에 대고 움직여야 하니 고생이 말이 아니다. 늘 무엇인가에 의지해야만 앞으로 나아갈 수 있다. 뱀의 입장에서는 자유롭게 이동할 수 있는 바람이 부럽다. 그럼 바람이라고 최강일까? 바람은 태풍을 일으켜 집과 나무를 송두리째 뽑아버릴 만큼 힘이 세다. 그 바람마저도 사람의 마음속 의지는 꺾을 수 없다.

《논어》에 이런 말이 있다.

삼군과 맞서 그 장수를 빼앗을 수는 있어도
한 사람이 품은 그 뜻을 꺾을 수는 없다.
三軍 可奪帥也 匹夫 不可奪志也 〈자한〉
삼군 가탈수야 필부 불가탈지야

미국의 팝 가수 머라이어 캐리는 이렇게 노래했다.

"There's a hero.

If you look inside your heart.

you don't have to be afraid

of what you are.

당신의 마음속을 들여다보면

거기엔 영웅이 있어요.

자기 자신 그대로의 모습을

두려워하지 말아요."

청소년 여러분의 마음속에는 영웅이 있다. 그 영웅은 아무리 거센 바람도 꺾지 못하는 의지를 갖고 있다. 장자나 공자 같은 위대한 성인들은 그 진실을 알고 있었다. 역사를 만들어 나간 훌륭한 위인들은 다만 마음속의 영웅을 일으켜 세운 사람들이다. 내가 나를 영웅으로 생각할 때, 다른 이도 나를 영웅으로 대우한다.

링반데룽 현상에 걸린 사람은 헛소리를 하고 헛것을 보면서 마음의 중심을 잃는다. 분명히 다른 곳이라고 생각하면서 걸었는데도 몇 시간째 같은 곳을 돌고 있는 한심한 일을 반복한다. 여러분도 부러움의 링반데룽에 사로잡혀 마음의 중심을 잃지 않길 바란다. 여러분이 부러워하는 사람은 여러분을 부러워한다.

자, 이제 그대 마음속에 잠자고 있는 영웅을 일깨우기를.

37 지극한 인仁

송나라 태재 탕이 장자에게 물었다.

"인이란 무엇입니까?" 장자가 답했다.

"호랑이와 늑대 같은 것이 바로 인입니다."

"어째서 그렇소?"

"그놈들도 애비와 새끼는 서로 친하니 어찌 어질지 않다 하겠습니까?"

탕이 깨달은 바가 있어 자세를 바로 하고 다시 물었다.

"지극한 인이 무엇인지 알려 주십시오."

"지극한 인에는 친근함이 없습니다."

"제가 듣기에 친근함이 없으면 사랑하지 않고, 사랑하지 않으면 불효라고 했습니다."

"그렇지 않습니다. '공경으로 효도하는 것은 쉽지만 사랑으로 효도하기는 어렵고 사랑으로 효도하는 것은 쉽지만 어버이를 잊기는 어렵다. 어버이를 잊기는 쉽지만 어버이로 하여금 자기를 잊게 하기는 어렵다.'는 말이 있습니다. 부모로 하여금 자식이 있는지 없는지도 모르게 만드는 것이 가장 좋은 효이지요.

이보다 더 어려운 것은 천하를 잊는 것이며 천하를 잊는 것보다 더 어려운 것은 천하가 나를 잊게 하는 것입니다. 효도와 공경과 인과 충성과 정절은 모두 덕에 이용당하는 것입니다.

이런 것은 지극한 그 무엇이 될 수 없습니다. 지극히 존귀한 것은 벼슬보다 더 높은 곳에 있고, 지극한 부는 재물을 모으는 것 너머에 있으며, 지극한 영광은 명예를 물리치는 것에 있습니다." 〈천운〉

아, 어렵다. 이 책이 청소년을 위한 장자라고 해서 무조건 쉬울 수만은 없겠지. 송나라 태재(=재상인 탕)란 사람이 장자에게 '인仁이 무엇인지' 물었다. 《논어》에 보면 공자는 "인이란 사람을 사랑하는 것"이라고 말했다. 맹자는 "인을 실천하는 사람은 활을 쏘는 사람과 같다. 활을 쏘는 사람은 먼저 몸을 바르게 하고 활을 발사한다. 활쏘기 시합에서 져도 자기보다 잘한 사람을 원망하지 않고 스스로 반성한다" 라고 풀이했다.

한문 인仁 자를 보면 사람 인人과 두 이二 자로 되어 있다. 두 사람이 모인 것이 '인'이다. 혼자 있으면 인이 아니지만 둘이 모이면 인이 된다. 다시 말해서 나보다는 남을 배려하는 것, 남에게 베푸는 것, 이런 것이 어질 인 자를 의미한다는 거다.

공자와 맹자는 이렇게 인을 나와 타인 사이의 관계 사이에서 설명하려고 했다. 때문에 사람 사이의 관계 중 가장 근본이 되는 효도를 중요시했다. 앞의 송나라 재상 탕도 그런 생각을 갖고 장자에게 물었다. 인이란 게 뭐냐고. 그는 장자의 입에서 '서로를 어질게 생각해 주고 배려해 주는 게 인이다'라는 말이 나오길 기대했다. 그런데 장자의 첫 마디를 보라.

"호랑이나 이리 같은 게 바로 인이오!"

헉! 탕은 깜짝 놀라서 되묻는다. 아니, 호랑이나 이리는 흉악한 맹수들인데 그들에게 무슨 인이 있다는 거요? 장자는 답한다. 호랑이나 이리도 제 새끼는 쓰다듬고 핥고 보호하오. 그러니 그것도 어짊이 아니겠소?

이쯤 되었을 때, 보통 사람 같으면 이렇게 반응할 거다.

"허, 듣자듣자 하니 별소릴 다하는구먼. 소문에 장자가 똘아이라더니 그 말이 맞았어. 뭐? 호랑이나 이리도 어질다고? 그럼 미친 사람도 어질고 살인자도 어질겠네? 누가 이 사람 빨리 정신병원에 안 보내냐?"

이렇게 말하고 그 자리를 떠났을 거다. 이렇게 되면 그는 깨달음에 이르지 못하는 거다. 깨달음이란 평범 속에 있지만 동시에 평범을 깨뜨려야 얻을 수 있는 법. 송나라 재상 탕은 장자의 말을 듣고 뭔가 느끼는 바가 있어 자세를 바로 하고 다시 묻는다.

"아, 선생님! 그 말을 듣고 보니 옳은 부분도 있습니다. 그런데 제가 어리석어서 선생님의 뜻을 모두 알지 못하겠습니다. 자세히 설명해 주십시오."

이런 게 제대로 된 제자의 자세다. 겸손하게 다가온 제자에게 장자는 자상하게 설명한다.

"그동안 우리가 알아온 인이라는 것은 인위적인 것이다. 사람들이 지키기 위해서 만들어 놓고, 그것을 강요한다. 지키지 않으면 배척하고 나쁜 사람 취급한다. 당신이 말하는 효만 해도 그렇다. 부모에게 좋은 음식을 주고 돌봐 드리는 것. 우리는 그걸 효라고 알고 있지만 그게 다가 아니다. 부모의 마음이 자식으로부터 해방되는 것. 스트레스 제로를 만드는 것. 그게 더 큰 효다."

21세기식으로 말하면 이런 거다. 우리 아이가 공부를 잘

하니 어느 대학에 가게 할까, 우리 아이가 공부를 못하니 어떻게 과외를 시켜야 할까, 우리 아이가 몸이 허약하니 무슨 보약을 먹일까, 우리 아이가 뚱뚱하니 어떻게 다이어트를 시킬까……. 부모가 이런 생각을 하게 하는 것 자체가 불효다. 자식이 있는지 없는지도 모를 정도로 자식에 대해 신경 쓰지 않게 만드는 것, 즉 자기 일은 자기가 알아서 척척 하는 것. 그게 진짜 효도다.

물론, 자식이 어떻게 해도 부모는 자식에 대해 염려하고 걱정한다. 그래서 효라는 게 어려운 거다. 그런데 도대체 어떻게 하면 효자이고 어떻게 하면 불효자이고 하는 기준은 누가 정했나? 어떤 것이 공경, 인, 충성이고 어떤 것이 그렇지 않은 것인지는 또 누가 정했나? 이 모든 게 누군가 만든 인위적인 것이다. 여기에 신경 쓰다 보면 우리는 모두 덕에 이용당하는 꼴이 된다.

그러면서 장자는 이렇게 결론을 내린다.

지극히 존귀한 것은 벼슬보다 더 높은 곳에 있고, 지극한 부는 재물을 모으는 것 너머에 있으며, 지극한 영광은 명예를 물리치는 것에 있다.

지극히 존귀한 사람이 벼슬 따위를 탐하겠는가? 지극히 부유한 사람이 주식 몇 개 더 사고 저축 몇 원 더 하는 것에 신경 쓰겠는가? 아니다. 그들의 시선은 이미 태산보다 높은 곳에서 아래를 내려다보고 있다. 그러므로 지극한 영광을 아는 사람은 세속의 명예나 인기에 연연하지 않는다.

장자가 이 정도 설명했을 때 태재 탕의 표정은 어땠을까? 아마도 '지극한 깨달음은 책 몇 권 더 읽는 것 이상이구나'라고 생각하는 모습 아니었을까?

38 달팽이 뿔 위의 나라

대진인이 제나라를 치는 문제로 고민하는 위나라 혜왕에게 말했다.

"왕께서는 달팽이를 본 적이 있으십니까?"

"있소."

"어떤 달팽이의 왼쪽 더듬이에 촉씨가 세운 나라가 있고 오른쪽 더듬이에 만씨가 세운 나라가 있었습니다. 한때 이 두 나라가 땅을 넓히기 위해 서로 전쟁을 했습니다. 전쟁이 끝나고 나니 시체가 수만이고 도망치는 적을 쫓았다가 보름이 지나 돌아왔다 합니다."

"공께서는 농담도 잘 하시는구려."

"그럼 이렇게 말씀드리겠습니다. 왕께서는 우주에 끝이 있다고 생각하십니까?"

"끝이 없겠지요."

"그 끝이 없는 곳에서 끝이 있는 이 땅 위의 나라들을 내려다 본다면 그것 역시 있을까 말까 한 하찮은 것들이 아니겠습니까?"

"그렇겠지요."

"유한한 이 땅에 위나라가 있고 위나라 속에 수도인 양 땅이 있고 양 땅 안에 왕이 있습니다. 왕과 달팽이 더듬이 위의 촉씨, 만씨가 다르다고 할 수 있습니까?"

"……."

혜왕은 대진인이 그곳을 물러날 때까지 멍하니 있었다. 〈칙양〉

위나라 혜왕은 제나라와 동맹을 맺었는데 제위왕이 배신을 했다. 혜왕은 진노해서 자객을 보내 제위왕을 암살하려 했다. 이때 공손연이라는 장수가 "암살은 떳떳하지 못하니 군대를 보내 위왕을 무찌르고 죄를 묻겠다"고 했다. 계자라는 관리는 "전쟁을 일으키면 안 된다"며 반대를 했고 화자는 "전쟁을 해서도 안 되고 하지 않아서도 안 된다"고 주장했다. 화자는 그저 혜왕이 덕을 기르면 다른 나라들이 자동으로 고개를 숙이며 따를 것이라는 이상적인 주장을 펼쳤다.

혜왕은 제나라를 칠 것인가, 말 것인가 고민하다가 혜자(장자의 친구)가 추천한 현자 대진인을 만난다. 앞부분은 대진인이 위혜왕과 나눈 대화다. 대진인은 한마디로 '당신이 지금 고민하는 것은 달팽이 더듬이 위의 나라들이 아옹다옹 하는 것과 마찬가지로 미미한 문제'라고 일축한다. 이 말을 들은 혜왕은 한동안 얼이 빠져 있었다. 왜? '각覺의 찰나'가 왔기 때문이다.

각의 찰나란 깨달음을 얻게 되는 순간을 말한다. 혜왕은 제나라와 전쟁을 해야 하나 말아야 하나 하는 문제로 엄청 난 스트레스를 받고 있었다. 그런데 대진인은 고민하는 혜 왕의 뒤통수를 후려치면서 말한다.

"그게 다 부질없는 짓이오!"

"띠용!"

혜왕은 대진인의 말 한마디에 시각이 확대되면서 유체 이탈을 경험한다. 아, 그동안 내가 걱정했던 것이 이렇듯 보 잘것없는 문제였구나…… 하고 깨닫는다. 이렇듯 모든 깨달 음의 순간에는 멍때림이 필요하다. 역으로 멍때림이 없으면 진정한 각의 찰나는 오지 않는다. 왜? 그동안의 우리의 생 각과 그동안의 우리의 의식과 그동안의 우리의 지식을 완전 히 부정해야 하기 때문이다. 이 부정의 충격이 너무 커서 우 리는 깨달음의 찰나가 마치 만년이라도 되는 것처럼 느껴진 다. 그 순간은 기존의 가치관을 부수고 다시 세우는 소중한 시간이다.

이때 어떤 일이 벌어질까? 원래 우리의 시각은 지평선 위에 머물러 있었다. 그래서 이 땅 위에서 벌어지는 모든 일들이 중대하고 시급하다고 여겼다. 그러나 그 시각을 산 위로 가져간다면? 땅 위의 집과 사람들이 개미만 하게 보이면서 갑자기 생각이 커진다. 그 시각이 우주의 차원으로 올라간다면? 이 땅 위의 나라들이 달팽이 더듬이 위의 나라처럼 여겨진다. 너무 작아서 잘 보이지도 않을 정도다. 실제로 우리가 우주선을 타고 있다면 우리나라도 달팽이 위의 나라만큼 작아 보이지 않겠는가? 우주의 한 지점에서는 대한민국의 면적도 나노미터에 불과한 것이다.

앞 문장에 등장하는 위혜왕은 주변의 나라들과 잦은 전쟁을 벌였다. 그가 원해서이기도 하고 또 주변국이 침공해서이기도 하다. 혜왕은 서쪽의 진나라에게 패해 수도를 양 땅으로 옮기는데, 이때부터 양혜왕이라고도 불렸다. 《맹자》첫 편이 바로 맹자가 양혜왕을 만나는 저 유명한 구절이다. 편명도 〈양혜왕〉이다.

맹자가 양혜왕을 만났다. 양혜왕이 물었다.

"선생께서 먼 길을 달려 오셨으니 우리나라에 장차 이익이 되겠지요?"

맹자가 말했다.

"왕께서는 어째서 이익에 대해 말씀하십니까? 오직 인의가 있을 뿐입니다."

양혜왕은 하루가 멀다 하고 벌어지는 전쟁 때문에 강한 군대를 키워 이웃 나라를 물리칠 궁리를 하고 있었다. 그런데 맹자는 '인과 의'가 중요하다고 한다. 당연히 맹자는 양혜왕 밑에서 관직을 맡지 못했다.

《장자》의 대진인과 혜왕 사이의 문답은 《맹자》의 한 구절을 생각나게 한다.

맹자가 말했다.

"공자께서 동산에 올라가 노나라를 작다고 여기셨고, 태산에 올라가 천하를 작다고 여기셨다. 그러므로 바다를 본 사람은 웬만큼 큰 강을 봐도 놀라지 않고, 성인의 문하에서 배운 사람은 아무리 그럴듯한 말을 들어도 관심을 갖지 않는다."

　태산에 올라가면 천하가 작게 느껴지는 법이다. 하물며 우주적 시각에서 본다면 어떻겠는가? 종종 산 위에 올라가 우리가 사는 동네를 내려다보면서 큰 뜻을 품어 보자.

39 영어로 장자 읽기

The Way is without beginning or end, but things have their life and death—you cannot rely upon their fulfillment. One moment empty, the next moment full—you cannot depend upon their form.

The years cannot be held off ; time cannot be stopped. Decay, growth, fullness, and emptiness end and then begin again.

The life of things is a gallop, a headlong dash—with every moment they alter, with every moment they shift. What should you do and what should you not do? Everything will change of itself, that is certain! 〈추수〉(Burton Watson)

The Way = 도道

rely upon = 의지하다. 의존하다.

fulfillment = 완성, 실현, 성취

empty = 비어 있는, 공허한

depend upon = rely upon = 의지하다. 의존하다.

form = 모습, 형태

be held off ≒ be stopped. 멈추게 되다. 막다.

decay = 부패, 쇠퇴, 쇠함

growth = 성장

fullness = 가득 참, 충만, 만족

emptiness = 공허함

gallop = (말이) 급히 달림, 달리다.

headlong dash = 무턱대고 달려감, 서둘러 달림

alter = shift = 바뀌다. 변화하다.

What should you do = 뭘 해야 하느냐고?

that is certain = 확실하다

(위 풀이는 네이버 영어 단어 사전/한컴 사전을 참고한 것임.)

각자 해석해 볼 것. 다음은 나의 해석임. 괄호 안은 나의 보충 설명이다.

도는 시작도 끝도 없으나 세상 만물에는 삶과 죽음이 있다. 그러니 만물이 완성되길 기다릴 수 없다. 만물은 텅 빈 것 같다가 다음 순간 가득 찬다. 그러니 그 모습에 의존할 수도 없다.

세월은 막을 수 없고 시간은 멈추지 않는다. 쇠하고 자라고 가득 차고 비어지면서 끝나는 듯 다시 시작한다.

만물의 삶이란 말 달리기다. 머리를 들이대며 무턱대고 달리는 것이다. 매 순간 바뀌고 매 순간 변화한다. 무엇을 해야 하고 무엇을 하지 말아야 하느냐고? (그런 질문은 어리석을 뿐) 모든 것은 원래 변한다. 이것만은 확실하다.

이 부분은 〈추수〉편에 나온다(6장 참고). 강의 신 하백이 바다의 신 약에게 묻는다. "도를 따르는 삶을 살려면 나는 무엇을 해야 하고 무엇을 하지 말아야 합니까?" 그러자 약이 위와 같은 답을 한다. 여기서 만물이란 지구상의 모든 존재를 말한다. 동식물과 무생물을 아우른다. 만물은 변하고 변해야 한다. 이 사실을 알고 흔들림 없이 살아가면 된다.

사람의 마음도 만물이어서 하루에도 수백, 수천 번 변한다. 이 사실을 정확히 알고 있다면 우리는 다른 사람의 마음이 변하는 것 때문에 상처받지 않을 수 있다. 그러려니……하는 것이다. 다른 사람의 마음뿐일까? 내 마음도 하루에 수백, 수천 번 바뀐다. 이 사실을 정확히 깨닫고 있다면 내 마음이 바뀌는 것 때문에 내가 상처받지 않을 수 있다. 그러니다음 문장을 마음속에 깊이 새기도록.

"Everything will change of itself, that is certain!"

40 죽음마저 초월하다

장자가 죽을 때가 되자 제자들이 눈물을 흘리며 아쉬워했다. 제자들이 스승의 장례를 후하게 치르고 싶다고 하자 장자가 웃으며 말했다.

"내게는 하늘과 땅이 관이고, 해와 달이 한 쌍의 옥보석이고, 별과 별자리가 구슬이야. 이렇게 모든 것이 갖추어져 있는데 어떻게 더 후하게 치른단 말이니?"

"아무렇게나 매장하면 스승님의 시신을 까마귀나 솔개가 먹을까 봐 걱정입니다."

"땅 위에 있으면 까마귀나 솔개의 밥이 되겠지. 그럼 땅 아래 묻으면 어떻게 될까? 개미나 땅강아지의 밥이 될걸? 안 돼, 안 돼. 이 놈들 걸 빼앗아서 다른 놈들한테 주는 건." 〈열어구〉

장자가 죽음을 맞이하는 유명한 장면이다. 따라서 이 대목은 장자가 쓴 게 아니라 장자의 제자들이 쓴 것이다. 그런데 장자 이 사람 좀 보라지. 죽음을 앞에 두고도 제자들한테 농담이나 찍찍 한다. "이 친구들아! 아무렇게나 놔둬도 새의 밥이 되고, 잘 묻어도 개미의 밥이야. 복불복인데 뭘 그래? 껄껄껄." 마지막까지 제자들을 놀리는 장자의 모습이 눈에 선하다. 죽음을 앞두고 이렇게 여유 있을 수 있을까? 자연과 우주의 이치를 깨우친 도인의 모습이다. 장자는 끝까지 유머와 비유로 제자들에게 진리의 조각을 보여주려 했던 위대한 스승이었다.

석가모니가 나이가 들어 죽음이 임박했을 때, 제자들과 숲을 걷고 있었다. 제자들이 하나같이 걱정하면서 물었다.

"선생님! 선생님이 돌아가시면 저희는 누구한테 배우나요? 혹시 잘 아는 분 있으면 미리 말씀해 주세요. 그리고 아직 못 가르쳐 주신 게 있으면 어서 말씀해 주세요."

석가모니는 말없이 몸을 굽혀 나뭇잎을 움켜쥐고 돌아섰다.

"내 손 안의 나뭇잎이 많을까? 이 숲 속의 나뭇잎이 많을까?"

제자들이 어리둥절해 하다가 이렇게 답했다.

"그거야…… 당연히 숲에 있는 나뭇잎이 더 많겠죠."

"내가 그동안 너희들한테 말한 건 여기 손에 쥐고 있는 나뭇잎

정도야. 세장의 진리는 이 숲에 있는 나뭇잎만큼 많다. 그러니 내가 떠난다 해도 아쉬워 말아라. 그럼 난 간다."

장자 시대의 장례라는 것은 신분에 따라 다른 절차와 격식이 있었다. 평범한 사람, 선비, 대부(현재의 장·차관에 해당하는 관리), 재상(현재의 총리에 해당하는 관리), 왕족의 장례 절차, 관, 수의 등이 모두 달랐다.

장자는 한때 옻나무밭을 지키는 관리를 했으나 평생 공식적인 관직을 맡지 않고 가난하게 살았다. 그럼에도 그의 사상과 지혜를 높이 산 제자들이 늘 장자 주변에 있었다. 장자가 죽을 때가 되자, 제자들은 그 당시 평민 신분이었던 장자의 장례를 대부나 재상의 예에 맞게 치르려 했다. 평민들이 죽었을 때는 시신을 관에도 넣지 않고 부대 자루 같은 것에 넣어 공동묘지에 그냥 놔두거나 물속에 던져 버리는 경우도 있었다. 또 땅 위에 방치해서 새들이 와서 시신을 파먹은 일도 많았다. 특히 까마귀나 매, 독수리 등은 동물의 시체를 주로 먹는다. 사람도 동물이다.

이런 모든 상황이 걱정 되었던 제자들이 장자를 좋은 관에 넣어 제대로 상을 치르려 했나 보다. 이때 장자는 앞의 비유를 들어 수수하게 장례를 치를 것을 부탁한다. 장자로서는 당연한 요구였다.《장자》〈지락〉편에 이런 이야기가 있다.

장자의 아내가 죽었을 때 혜자가 문상을 갔다. 그때 장자는 다리를 뻗고 앉아 그릇을 두드리며 노래를 하고 있었다. 혜자가 말했다.

"자네가 부귀하지도 못하고 관직에도 나가지 않아 자네 부인은 아이들을 키우며 고생도 많이 했지. 그런 아내가 죽었는데 곡은 하지 않고 노래나 흥얼거리고 있다니 너무한 거 아닌가?"

장자가 대답했다.

"사실은 나도 처음에는 슬펐다네. 그런데 가만히 생각해 봤지. 우리 인생이란 게 뭔가 하고. 삶이란 게 원래 형체가 없다네. 형체가 없을 뿐 아니라 기운조차 없지. 처음에 흐릿하고 어두운 가운데 아주 작은 움직임이 있었는데 그것이 변해서 기가 되었고 기가 변하여 형체가 되었고 형체가 변해서 삶이 되었던 거지. 그 삶이 다시 변해서 죽음이 된 것이네. 이건 봄 · 여름 · 가을 · 겨울이 서로 순환하는 것과 마찬가지. 그러니 내 아내도 운명에 따라 편안히 잠들어 있을 뿐이네. 그 생각을 하니 울고 싶지 않더군. 오히려 축하하고 싶더라고."

《장자》에는 또 이런 일화가 실려 있다. 역시 내가 좋아하는 이야기 중의 하나다.

장자가 초나라로 가던 길에 앙상한 해골을 발견했다. 장자는 해골을 말채찍으로 두드리면서 노래했다.

"그대는 살아 있을 때 욕심쟁이였겠지? 그러니 이렇게 아무도 돌보지 않는 시체가 되었을 거야. 아니면 반역을 하고 처형을 당했나? 아니면 악한 짓을 하고 스스로 목숨을 끊었나? 그도 저도 아니면 굶어 죽어 이리 되었나, 나이를 먹어 이리 되었나. 알 수 없어라~."

장자는 노래를 마치고 해골을 베고 잠을 잤다. 장자가 꿈을 꾸었는데 해골이 나타나 말했다.

"네 이놈! 네가 죽음을 아느냐?"

장자가 덜덜 떨면서 답했다.

"모릅니다."

"그럴 줄 알았지. 뭣도 모르는 놈이 내 머리를 치면서 노래를 해? 너도 같이 죽어 볼래?"

장자가 손이 발이 되도록 빌면서 말했다.

"죽을죄를 지었습니다만 살려 줍쇼. 제가 목숨을 주관하는 신에게 빌어 선생님의 뼈와 살과 피부를 다시 붙게 하고 생명을 되돌려 놓으라고 하겠습니다. 그리고 선생님이 사시던 곳으로 되돌아가게 해달라고 하겠습니다."

"안 돼!"

"왜요?"

"여기 저승에서는 모든 사람이 왕처럼 살아. 근심도 걱정도 없고 영원한 생명을 누리고 있지. 내가 왜 다시 살아서 온갖 고생을 하냐?"

요임금부터 공자까지 위대한 성인들을 조롱했던 장자. 그가 앞 대목에서는 스스로를 조롱한다. 장자는 이렇게 말했다.

"물고기를 잡았으면 어망은 잊어야 한다.
토끼를 잡았으면 덫은 잊어야 한다.
뜻을 전했으면 말은 잊어야 한다.
나는 자기의 말을 잊은 사람을 만나 이야기 나누고 싶다."

9세기 당나라의 임제 스님이란 분이 이런 이야기를 했다.

"부처를 만나면 부처를 죽이고, 조사를 만나면 조사를 죽이고, 아라한을 만나면 아라한을 죽이고, 부모를 만나면 부모를 죽이고, 친척을 만나면 친척을 죽여라. 그래야 비로소 해탈하게 된다."[*]

헉! 정말 무시무시한 말이다. 이 말이 뜻하는 건…… 당근 살인을 하라는 게 아니다. 나 스스로 깨달은 것이 아니라면, 타인에 의해 내게 전해진 일체의 진리와 그 진리에 따르는 권위를 깨부수어야 한다는 뜻이다. 장자도 마찬가지다.

《장자》책을 읽고 나서는 장자를 잊어야 한다. 그래야 진짜 장자를 만날 수 있다. 여기까지 읽느라고 수고한 여러분 모두에게 박수를 보낸다.

---

[*] 조사祖師: 불교 종파의 창시자, 아라한阿羅漢: 불교의 높은 경지에 오른 현자

오강남 풀이, 《장자》 현암사, 1999.

김학주 옮김, 《장자》 연암서가, 2010.

안동림 역주, 《장자》 현암사, 2010.

김창환 옮김, 《장자》 을유문화사, 2010.

김석환 역주, 《장자》 학영사, 1999.

오쇼 지음, 류시화 옮김, 《장자, 도를 말하다》 청아출판사, 2006.

강신주 지음, 《장자, 차이를 횡단하는 즐거운 모험》 그린비, 2007.

김원중 옮김, 사마천 지음, 《사기 열전》 민음사, 2007.

김원중 옮김, 사마천 지음, 《사기 세가》 민음사, 2010.

김학주 옮김, 열자 지음, 《열자》 연암서가, 2011.

권택영 옮김, 해설, 《토마스 머튼의 장자의 도》 은행나무, 2008.

김학주 역, 《서경》 명문당, 2002.

유교문화연구소, 《시경》 성균관대학교 출판부, 2008.

김태관, 《보이는 것만이 인생의 전부는 아니다》 홍익출판사, 2012.

조수형 풀어씀, 《장자 −자연속에서 찾은 자유의 세계》 풀빛, 2005.

최진석 지음, 《노자의 목소리로 듣는 도덕경》 소나무, 2001.

오강남 풀이, 《도덕경》 현암사, 1995.

Victor H. Mair 《Wandering on the way: Early Taoist Tales and Parables of Chuang Tzu》, New York, Bantam Books, 1994.

Burton Watson 《Chuang Tzu: BasicWritings》 New York, Columbia University Press, 1964.

Martin Palmer 《The Book of Chuang Tzu》 London, Penguin Books, 1996.

장자가 묻는다

누구냐? 넌!

펴 냄	2013년 9월 10일 1판 1쇄 박음 / 2020년 3월 25일 1판 3쇄 펴냄
지은이	명로진
펴낸이	김철종
펴낸곳	(주)한언
임프린트	상상비행
주 소	서울시 종로구 삼일대로 453(경운동) KAFFE빌딩 2층
전화번호	02)701-6616 팩스번호 02)701-4449
전자우편	haneon@haneon.com 홈페이지 www.haneon.com
출판등록	1983년 9월 30일 제1-128호
	ISBN 978-89-5596-671-8 03150

한언의 사명선언문

Since 3rd day of January, 1998

Our Mission — 우리는 새로운 지식을 창출, 전파하여 전 인류가 이를 공유케 함으
로써 인류 문화의 발전과 행복에 이바지한다.

— 우리는 끊임없이 학습하는 조직으로서 자신과 조직의 발전을 위해
쉼 없이 노력하며, 궁극적으로는 세계적 콘텐츠 그룹을 지향한다.

— 우리는 정신적·물질적으로 최고 수준의 복지를 실현하기 위해 노력
하며, 명실공히 초일류 사원들의 집합체로서 부끄럼 없이 행동한다.

Our Vision   한언은 콘텐츠 기업의 선도적 성공 모델이 된다.

저희 한언인들은 위와 같은 사명을 항상 가슴속에 간직하고
좋은 책을 만들기 위해 최선을 다하고 있습니다.
독자 여러분의 아낌없는 충고와 격려를 부탁 드립니다.

· 한언 가족 ·

HanEon´s Mission statement

Our Mission — We create and broadcast new knowledge for the advancement and
happiness of the whole human race.

— We do our best to improve ourselves and the organization, with the
ultimate goal of striving to be the best content group in the world.

— We try to realize the highest quality of welfare system in both
mental and physical ways and we behave in a manner that reflects
our mission as proud members of HanEon Community.

Our Vision   HanEon will be the leading Success Model of the content group.